21세기
첫 십년의
한국

우리시대 희망을 찾는 7인의 발언록
21세기 첫 십년의 한국

제1판 제1쇄 발행일 2008년 5월 10일
　　　제2쇄 발행일 2008년 5월 13일
　　　제3쇄 발행일 2010년 12월 5일

글쓴이 | 리영희, 손호철, 김삼웅, 이이화, 안병욱, 홍세화, 유초하
엮은이 | 박상환
기획 | 책도둑(김민호, 박정훈, 김위종, 박정식), 양승권
디자인 | 김효중
인쇄 | (주)갑우문화사
발행인 | 김은지
발행처 | 철수와영희
등록번호 | 제319-2005-42호
주소 | 서울 마포구 망원1동 386-2 양경회관 302-1호
전화 | (02) 332-0815
팩스 | (02) 6091-0815
전자우편 | chulsu815@hanmail.net

ⓒ 박상환, 리영희, 손호철, 김삼웅, 이이화, 안병욱, 홍세화, 유초하 2008

* 이 책 내용의 일부 또는 전부를 재사용하려면 반드시 저작권자와 철수와영희 양측의 동의를 얻어야 합니다.
* 책값은 뒷표지에 있습니다.

ISBN 978-89-958338-8-9 03300

철수와영희 출판사는 '어린이' 철수와 영희, '어른' 철수와 영희에게 도움되는 책을 펴내기 위해 노력하고 있습니다.

21세기
첫 십년의
한국

우리시대 희망을 찾는 7인의 발언록

리영희

손호철

김삼웅

이이화

안병욱

홍세화

유초하

박상환 엮음

철수와영희

책을 내며

우리시대 희망을 찾는 7인의 발언록

격동의 한국 사회에 살면서 어느 한 순간 위기를 느끼지 않았던 때가 없었지만, 지난 겨울은 유난히도 가슴이 떨리고 시려웠습니다. 말할 수 없이 혹독했던 지난 반백년의 시절, 피와 눈물 속에서도 포기할 수 없었던 참 민주의 희망을 간직한 채 온몸으로 꿋꿋하게 불의에 대항하면서 이룩한 우리들의 민주 성과가 지금 역풍을 맞고 있습니다.

이제 우리는 다시 시작해야 합니다. 때맞춰 우리가 함께 걸어갈 길을 제시하는 일곱 선생님들의 목소리가 있기에 그 내용을 책으로 엮었습니다. 2003년 12월부터 2005년 6월까지 7차에 걸쳐 열린 성균관대학교 양현재 콜로키움의 내용을, 이명박 정권이 들어선 2008년 현재 시점에서 다시 저자들의 확인을 받아 재구성한 책입니다. 강연한 시점에서 비록 몇 년이 흘렀지만, 당시 제기한 문제는 아직도 여전히 유효합니다.

큰 비가 오기 전에는 번개와 천둥이 치기 마련입니다. 홍수를 예방, 진단하는 작업은 언제나 있었습니다. 이 책에 실린 일곱 분들의 강연 주제가 바로 그것입니다. 남북한과 주변 강대국과의 관계(리영희, 김삼웅), 소수자 인권(홍세화), 주체적 학문 정립(유초하), 역사 바로 세우기(이이화, 안병욱), 사회, 경제, 정치의 민주화(손호철) 등 시급히 해결해야 할 우리 사회의 모순을 지적하고 그 해결책을 제시하고 있습니다.

저자들은 제가 1980년대 독일에 유학하면서 그리고, 귀국 후 90년대 초반부터 지금까지 '민주화를 위한 전국교수협의회' 활동을 하면서 곁에서 뵙던 분들입니다.

현대 한국의 비판적 지식인의 사도이신 리영희 선생님과는 80년대 중반 프랑크푸르트 공항에서 처음 만나뵙고, 하이델베르크와 기쎈에서 동료들과 함께 밤을 새면서 토론했던 추억을 가지고 있습니다. 이번 콜로키움에서 한반도 정세와 주변국, 남북한의 문제, 북방한계선의 의미 그리고 선생님의 살아오신 역정을 열정적으로 강연하셨습니다. 청중의 호응 역시 대단했습니다.

김삼웅 선생님은 평소 친일문제와 관련된 책을 통해 익히 알고 있었으나 직접 뵙는 것은 이번 양현재 콜로키움이 처음입니다. 동북아시아의 정세를 민족주의적 관점에서 특히 남북한과 중국, 대만의 상호관계를 미국의 이해와 관련지어 설명하셨습니다.

홍세화 선생님과는, 선생님께서 파리에 망명 중이실 때 독일에서 뵈었는데 80년대 중반 파리, 프랑크푸르트, 괴팅엔 등 유럽을 함께 종횡하면서 그야말로 날밤 새워 토론하던 때가 생각납니다. 홍선생님으로부터 한국에 소개된 똘레랑스 정신은 사회적 소수자의 배려일 터인데 우리에게 얼마나 체화되고 있는 지 궁금합니다.

한국유학과 황도유학에 관해 강연하신 이이화 선생님은 '역사문제연구소'의 소장을 역임하셨고, 이른바 재야사학자의 대명사로서 이 강연을 부탁하였을 즈음 '한국사 이야기' 22권을 막 탈고하셨습니다. 식민지 이후 지금까지 한국 주류 학계의 가장 큰 치부는 과거 유산의 미비한 극복일 것입니다. 유학의 틀 속에 내재하였던 일제시대의 유학, 즉 황도유학의 정체를 밝히셨습니다. 한국 근대학문사에서 빠진 고리입니다.

한국사상의 정체성과 관련해 강의를 해주신 유초하 선생님은 '민주화를 위한 전국교수협의회'의 의장을 역임하셨고 민교협 활동의 산 증인입니다. 한국사상을 주체적 관점에서 정리한 이 글은 보수적 성향이 강한 한국철학계에서 매우 시사적입니다.

현대 한국의 과거사 청산의 의미를 주제로 강연하신 안병욱 선생님은 '진실화해를 위한 과거사정리위원회' 위원장을 맡고 계십니다. 또한 '의문사 진실위원', '국정원진실위 위원장'도 역임하시면서 우리의 현대사를 관통하는 이데올로기의 폐해를 학문적 그리고 사회 실천적으로 정리하고 계십니다.

마지막으로 소개해드리는 손호철 선생님은 현재 한국의 진보진영을 대표하는 학자이고 '민주화를 위한 전국교수협의회' 의장을 역임하셨습니다. 한국의 민주주의와 개혁에 관한 그의 강연은 한국 현실에 대한 정치경제학적 분석입니다. 먼저 자본주의 발전사에 대해 간략하게 설명하셨습니다. 그리고 다음으로, 우리에게 그리 분명하지 않은 개념인 '자유주의', '민주주의', '진보'와 '보수'의 개념을 촌철살인의 재담을 곁들여 명쾌하게 정리해주셨습니다.

강연을 위해 소중한 시간을 내주시고 또 출판을 위해 다시 원고를 다듬어주신 필진 모두에게 감사의 마음을 전합니다. 특히 중국에서 연구년을 보내시는 손호철 선생님의 빠른 원고 수정에 감사드립니다. 리영희 선생님의 원고는 선생님의 건강상 이 책을 엮는 제가 약간 수정했음을 밝힙니다.

이제 우리의 나아갈 길이 다시 험난해질 듯합니다. 리영희 선생님이 늘 말씀하시던 "나의 책이 읽히지 않고 또 읽힐 필요가 없는, 그래서 팔릴 필요가 없는 사회를 소망한다."라는 구절이 머릿속을 떠나지 않습니다.

마지막으로 강연을 준비하고 책을 엮는 데 도움을 준 양승권 박사, 녹취록을 푸는 작업에 정성을 들인 사랑하는 제자 이현민, 우승안, 이용재, 김유경, 공성은에게 고마움을 전하고, 이 책을 흔쾌히 맡아주신 출판사 '철수와영희'에게도 필자들을 대신해서 감사의 뜻을 전합니다.

2008년 4월 15일
명륜동 연구실에서 박상환

차례

책을 내며 4
우리시대 희망을 찾는 7인의 발언록

반지성적이고 반이성적인 대한민국 _ 리영희 11

우리는 시민이어야 합니다 | 제 책이 안 팔릴 때가 가장 행복한 때입니다
대한민국은 한반도의 유일 합법 정부다? | 미국의 광역적 군사행동
서해 북방한계선 | 우리도 간첩을 보냈다

세상에 좌파 정부란 없다 _ 손호철 41

경쟁은 필연적으로 독점을 낳는다 | 포드주의, 개입 국가의 등장
자유주의의 역사는 민주주의에 대한 저항의 역사
한국 사회를 지배해온 키워드, 개혁 | 민주개혁의 개념
자유민주주의라는 이름으로 압살해온 자유민주주의 | 역사의 아이러니

통일은 갑자기 다가올 수 있다 _ 김삼웅 81

한반도를 둘러싼 주변 정세 | 미국과 중국의 빅딜
일본의 핵무장 | 통일은 갑자기 다가올 수 있다

천황의 정신을 받드는 황도유학 _ 이이화 101

이단론에 치우친 성리학 | 서양은 금수고 우리는 사람?
조선총독부의 어용기관으로 전락한 성균관
성균관에 도포자락 휘날리며 천황요배나 하고 | 천황의 정신을 받드는 황도유학

과거사 청산 운동은 사회 정의 운동 _ 안병욱 133

파멸적인 과거를 되풀이하지 않아야 | 과거사 청산이 필요한 세 가지 이유
진실이 배척되는 사회 | 과거사 청산 운동은 사회 정의 운동

똘레랑스와 한국 사회 _ 홍세화 159

차이는 차이로만 받아들여야 한다 | '다름=틀림'에서 똘레랑스로
사람은 합리적 동물이 아니라 합리화하는 동물 | 똘레랑스는 공존의 미학

한국사상사의 주체적 조명 _ 유초하 177

전통사상 중 영향이 가장 큰 것은 유교-유학
끈질긴 생명력을 가진 고유사상인 신명사상 | 우리 고유사상에 대한 위축된 태도
한국사상에 대한 주체적 관점의 결여 | 한국 현대사상과 전통사상과의 관계
현실은 오늘을 살아가는 사람들이 창조해낸 것이 아니다

우리시대 희망을 찾는 7인의 발언록

리영희

반지성적이고 반이성적인 대한민국

여러분들은 지금 최루탄이 어떤 모양이고
그 가스는 어떤 냄새가 나는 지 잘 모르실 겁니다.
여러분은 무지 행복하고 다행스런 세대입니다.
당시 대학을 다녔던 사람들은
강의실에서 수업은 하루에 한두 시간 받을까 말까 했고,
밤낮 데모하느라 경찰에 쫓겨다녔습니다.
당시는 군대가 학교를 폐쇄했으며
워커를 신고 철모를 쓴 군인들이 강의실을 점령했습니다.
그런 때에 대학을 다닌 여러분의 선배들은
지금 4,50대가 되었습니다.
그 선배들은 불행한 세대였습니다.
그러나 비인간화와 소외에 대해 항거하며
삶의 보람을 느꼈던 세대이기도 합니다.

오늘 이렇게 날씨도 궂은데 많은 학생들이 와주셔서 감사의 말씀을 드립니다. 저는 오늘, 한국, 조선, 한반도, 이 민족의 미래에 귀결되는 문제들을 가지고 이 자리에 왔습니다.

7, 80년대 질풍노도와 같이 어렵고 피눈물나는 격동의 시기에 대학을 다닌 많은 학생들과 일반지식인들은 좋은 뜻에서건 나쁜 뜻에서건 저의 책에 의해서 큰 영향을 받았습니다. 지금도 저는 제가 쓴 책으로 말미암아 투옥당하고 고문당하고, 또는 대학과 공장, 회사에서 쫓겨나서 몇 년씩 집에도 들어가지도 못한 채 피해다녀야 했던 후배, 후학들에게 굉장히 미안한 생각을 가지고 있습니다.

그분들은 반지성적이고 반이성적인 대한민국이라는 나라에서 세계 어느 나라에서도 유례를 찾아볼 수 없는 일종의 종교신앙처럼 강요되고 믿어져왔던 광적이며 병적인 극우반공주의에 길들여져 있던 젊은 학생들이었습니다.

그러나 그분들은 저의 『전환 시대의 논리』라든가 『우상과 이성』, 『8억 인과의 대화』, 『베트남 전쟁』 등의 책을 읽고서, 올바른 인간의 삶이 무엇인가 그리고 올바른 지식인의 삶은 어떤 것이어야 하는가, 그런 신념과 올바른 생각을 하는 사회적 구성원들이 사는 사회와 국가는 어떠해야 하는 지에 대한 문제들을 가지고 많은 고민을 했습니다. 그 결과가 20년 동안이나 지속된 오랜 군사독재정권에 항거하는 처절한 투쟁의 싹이 되었습니다.

당시는 경찰이 길가에서 가방을 마음대로 뒤졌습니다. 무슨 이유가 있어서가 아니고 영장이 있어서도 아니고 길 가는 사람을 세워놓고 가방을 펼쳐서 검사했습니다. 그 속에 제 책이 한 권이라도 있으면 끌려갔습니다. 국가라는 것은 여러 가지 기능이 있지만 기본적으로 폭력장치 아닙니까? 젊은 학생들이 형무소에 가고 고문당하고 그래야 할 이유가 하나도 없었는데, 우리 역사의 한 때는 정말로 그랬습니다.

우리는 시민이어야 합니다

70년대와 80년대 말에 걸친 20년 동안은 지식인을 중심으로 해서 공장노동자와 일반사회인들이 사상적 혹은 의식적으로 코페르니쿠스적 대전환을 하던 때였습니다. 우리에게 극적인 변화와 정신 사상적, 문화적, 의식적 충격을 준 시기였습니다. 7,80년대는, 극우반공주의만이 절대적으로 옳고 그 밖의 일체의 것은 배격해야 한다고 가르쳤던 학교교육과 사회교육, 국가교육에 의해 물들었던, 반지성적인 머리를 완전히 해독하고 새로운 신념과 사상체계를 세운 지성사의 극적인 시기였습니다.

여러분들은 지금 최루탄이 어떤 모양이고 그 가스는 어떤 냄새가 나는지 잘 모르실 겁니다. 여러분은 무지 행복하고 다행스런 세대입니다. 당시 대학을 다녔던 사람들은 강의실에서 수업은 하루에 한두 시간 받을까 말까 했고, 밤낮 데모하느라 경찰에 쫓겨다녔습니다. 당시는 군대가 학교를 폐쇄했으며 워커를 신고 철모를 쓴 군인들이 강의실을 점령했습니다. 그런 때에 대학을 다녔던 여러분의 선배들은 지금 4, 50대가 되었습니다. 그 선배들은 불행한 세대였습니다. 그러나 비인간화와 소외에 대해 항거하며 삶의 보람을 느꼈던 세대이기도 합니다.

　잘 아시겠지만 소외는 어떤 결정 권한을 박탈당한 것만을 의미하는 것은 아닙니다. 철학적으로는 하나의 인간으로서의 정신적인 존재가 진정한 자율적이고 주체적이고 자기 결정적인 인격체이기를 부정당할 때 소외라고 합니다. 여러분들의 선배들은 7, 80년대 이런 소외를 극복하기 위해 싸웠습니다. 자유로운 인간이고 정형성을 지닌 인간으로 민주주의적 시민이 되기 위해 불의에 항거했습니다.

　여러분은 국민이라는 말을 쓰면 안됩니다. 민주주의적 시민이라는 말을 써야 합니다. 국민이라는 것은 국가라는 상대적인 권위를 인정하고 그에 봉사하는 존재로서의 인간들을 말할 때 쓰는 말입니다. 우리나라에서는 해방 후 오늘날까지도 정치인들뿐만 아니고 심지어 결혼식장에서 주례사를 하면서도 '국민 여러분' 이라는 말을 사용하기도 합니다. 무의식적으로 사회적 존재의 구성원인 스스로를 시민이라고 지칭하는 대신 국민이라는 말로 표현합니다. 이것은 벌써 소외의 상징적 표현입니다. 돈, 권력, 힘을 상징하는 국가라는 상위의 가치와 존재를 인정하고 그 밑에 존재하는 개개인들을 국민이라는 정치용어로 부르고 있습니다. 여러분들이 스스로를 국민이라고 부를 때 이를 소외라고 볼 수 있습니다.

우리는 시민이어야 합니다. 시민이란 어떤 권위나 권력도 어느 누구도 지배하지 않는 평등 사회인 시민 사회 속에 존재하는 주체적이고 독립적인 개인을 말하기 때문입니다. 그런데 해방 후 50년 동안 권위주의적인 지배자로서의 국가권력은 극우반공이라는 광적인 사상 통제수단을 가지고, 우리의 시민으로서의 삶을 부정하고 우리의 행동을 지배해왔습니다. 이런 지배에 항거하고 투쟁하며 죽어간 선배들은 시민으로서의 자기 존재를 위해 싸웠기에, 소외를 극복하며 삶에 귀중한 보람을 느낀 세대라고 말할 수 있는 것입니다.

민주주의 사회에서 시민은 독자성을 가지고 자기 결정적이며 자유로워야 합니다. 진정한 의미의 자유인으로서의 시민의 삶은 자유로운 인간의 가치를 부정하고 억압하고 탄압하는 정의롭지 않은 것에 대해 항거하며 싸울 때 보람을 느낍니다. 그런 저항 없이 '편안한' 사회가 이루어진다면 우리에게 소망스런 일이기는 하지만 우리 개개인의 삶에 있어서 의미랄까 뭐 이런 것이 박탈되거나 퇴색되는 사회라고 볼 수 있지요.

우리는 항상 삶의 의미를 파악하고 가치를 찾아야 한다고 봅니다. 그 시대에 선배들은 진정한 의미에서 독립된 자유인으로서의 삶을 살았습니다. 여러분은 그런 고통과 고민과 쓰라림과 두려움 그리고 언제 잡혀갈지 모르는 위협과 고통 없이 지낼 수 있는 행복한 세대이니 만큼 공동으로 영위해나가는 우리 사회에 대해 좀 더 관심을 가지고 부정에 대해서 항거할 수 있는 자율적인 삶을 살았으면 합니다. 과거에 선배들은 인간으로 살기 위해 자유인으로 살기 위해 싸울 수밖에 없었습니다. 여러분은 선배가 싸운 결과의 혜택을 받아서 상대적으로 편안한 생활을 하고 있는 겁니다.

제 책이 안 팔릴 때가 가장 행복한 때입니다

얼마 전 신문에서 솔제니친에 대해 감명 깊게 읽은 기사가 있습니다. 구소련시대 『이반데니소비치의 하루』를 쓴 솔제니친은 당대 소련 사회의 권력 지배의 부조리와 부정적 요소를 고발한 것으로 유명합니다. 그는 1974년 반역죄로 소련에서 추방되어 미국에 망명해서 살다가 소련이 러시아로 되면서 90년대에 자기 고향으로 돌아가게 됩니다.

그때 미국의 기자들이 솔제니친에게 "오랫동안 사회 계몽 활동과 훌륭한 저술을 많이 하셨으니 이제 돌아가시면 러시아의 많은 독자 분들이 환영을 하겠네요?"라고 물어보았습니다. 이에 솔제니친은 "아마 돌아가도 내 이름을 기억하는 러시아의 젊은이들이 없을 겁니다."라고 대답했습니다. 그래서 기자가 "그러면 섭섭하지 않으시겠습니까?"라고 하니까 솔제니친은 "제가 그렇게 되기 위해서 책을 써왔는데요."라고 답변을 했답니다.

가끔 인터뷰하러 오는 기자들이 저에게 "책의 인세가 얼마나 들어옵니까?"라고 물어봅니다. 한때 『전환시대의 논리』 같은 경우는 당시에 학생들이 안 읽으면 안 되었으니까 몇 십 만권 나갔습니다. 그러나 90년대 이후부터 읽힐 필요가 없어지게 되었습니다. 지난 10년에서 15년 사이에 우리 사회는, 제가 책에서 원하고 주장했던 방향대로 더디지만 힘들고 괴로운 과정을 거치면서, 오늘날 여러분들이 현재 누리는 것처럼 변화되었기 때문입니다. 제가 책에서 주장한 "이래야 한다, 이런 가치가 중요하다, 이래서는 안 된다."라는 많은 이야기들이 이제는 현실적으로 실현되어가는 과정이기에 읽힐 필요가 없게 되었습니다. 그래서 저는 "제 책에서 들어오는 인세가 완전 제로가 되었을 때가 제일 행복한 때일 것입니다."라고 말했습니다. 그러자 기자들은 "책이 잘 팔려서 인세가 많이 들어올 때가 행복할 텐데, 무슨 뜻이냐?"고 반문을 했습니다. 저는 "제 책이 안 읽히고 읽을 필요가 없고 또 팔릴 필요가 없는 상태가 제가 책에서 쓰고 주장하고 요구하고 계몽하려고 한 것이 실제적으로 이루어지고 있는 상태이기 때문입니다."라고 말했습니다. "그러기 위해서 저는 고생을 하면서 책을 썼고, 인세가 제로가 된 상태가 제가 싸워왔고 노력해왔던 것이 실현되는 상태이기에 제일 행복할 것이다."라고 한 겁니다. 이제 인세가 거의 들어오지 않습니다. 그렇지만 하나도 섭섭하지 않습니다.

저는 신문사에 간부로 있으면서 유일하게 베트남전쟁과 베트남전쟁 파병에 반대했습니다. 당시 대한민국의 저널리스트 중에서 마치 베트남 파병이 국익을 선양하는 것으로 이야기하는 사람들이 많았습니다. 이라크 파병보다 당시엔 더했지요. 우리 민족이 역사상 처음으로 남의 나라 영토에 가서 지팡이를 꽂고 세계적으로 이름을 날린다는 따위의 허무맹

랑한 애국주의, 민족주의, 폭력주의, 전쟁숭배, 군대숭배가 들끓었던 겁니다. 모든 신문들이 베트남 파병이 반공주의 성전이라고 떠들었습니다. 미국의 꽁무니에 붙어서 용병 노릇하러 가는 줄도 모르고…. 그렇게 들떠 있을 때 유일하게 제가 반대하자 조선일보에서 저를 쫓아냈습니다.

1970년대 박정희 정권이 민주화를 요구하는 대학생들을 탄압할 때 군대가 대학까지 점령했습니다. 그 당시 '전두환'이라는 유명한 깡패(?)가 육군 중령이었는데, 그 친구가 고려대학에 일개 대대를 끌고 들어가서 점령을 했습니다. 이에 대해 지식인들이 "학원을 유린하지 말라, 학원의 자유를 빼앗지 말라, 학생들의 요구가 정당하다."라고 성명을 냈는데 이 때문에 지식인들이 대학에서 쫓겨났습니다. 당시 언론인이었던 저도 그 가운데에 포함돼 있었습니다. 이것이 제가 또 쫓겨나는 원인이 되었습니다. 이후에 저는 대학에서 교수직을 맡고 있었는데 1977년에 민주화 운동을 했다고 교수자리에서 해임된 후 형무소에 가게 되었습니다.

저는 4년 뒤 정권이 바뀌어서 전두환 정권이 쫓아낸 38명의 교수들을 마지못해 복직시킬 때 대학으로 돌아왔습니다. 그러다가 광주 민주화 항쟁으로 또 다시 쫓겨났습니다. 그리고 4년 후에 다시 교수로 복직했습니다. 이렇게 해서 신문사 간부 시절에 두 번, 대학교수 시절에 두 번, 제 평생에 네 번 형무소를 다녀옵니다. 이런 엄청난 시절이 있었다는 것을 알아야 합니다. 오늘 여러분들이 누리는 이 사회의 웰빙이 그냥 된 것이 아니라 1970년대부터 90년대까지의 이런 격동의 시기를 거쳤다는 것을 이해해주시면 좋겠습니다. 여러분은 참 행복한 세대입니다.

대한민국은 한반도의 유일 합법 정부다?

오늘은 뭐 특별한 이론을 여기서 이야기하려고 하는 것은 아니라 상식적인 이야기를 하고 싶습니다. 저는 주로 남북문제, 우리 통일문제, 남북한 군사문제, 미국과의 관계문제, 한미 방위조약문제, 군사 전략문제, 중국과의 문제 등 한반도를 중심으로 한 동북아시아의 국제관계를 주제로 해서 많은 글들을 써왔습니다.

과거 우리나라에서 지식인들이라는 사람들과 교수들은 반공주의 폭력세력인 군사정권에 아부하고 아무 말도 못했습니다. 이런 상황에서 베트남전쟁에 대한 반대를 해야 할 사람들이 누군가는 있어야 하지 않았겠습니까? 그래서 저는 글을 통해 진실을 밝히려고 한 것입니다. 베트남전쟁은 이라크전쟁과 마찬가지로 미국의 제국주의전쟁이었거든요. 아직도 우리 한국 사람들 대부분이 전혀 그 사실을 모르고 있습니다. 이라크전쟁에 대해서는 미국이 하도 엉뚱한 짓을 하니까 조금은 보는 눈이 트이지 않았나 싶습니다.

여러분들은 군사독재정권과 극우세력들이 자기들 세력의 기반으로 하고 있는 국제법적 근거인 "대한민국은 유엔총회가 한반도에 유일 합법 정부로 승인한 국가다. 따라서 북한은 괴뢰정권이다."라는 주장에 대해서 어떻게 생각하십니까? 극우세력들은 이런 전제를 북한에 대한 공격에 이용해왔습니다. 여러분들은 유엔총회가 한반도에서 유일한 합법 정부로 승인한 국가가 대한민국이라고 그렇게 알고 있죠? 그러나 그렇지 않습니다. 이런 것이 문제입니다.

지금까지도 반공주의가 왜곡한 사실이 제대로 밝혀지지 않고 있습니다. 대한민국이라는 나라는 유엔총회가 승인한 한반도에서 유일한 합법 정부가 아닙니다. 1947년 10월 15일에 승인된 유엔총회의 결의는 "대한민국이라는 국가는 38도선 이남에 수립된 유일한 합법 정부로 인정한다."라고 이렇게 되어 있습니다. 한반도 전체가 아니라, 38도선 이남에 한정된다는 이런 엄청난 사실을 전혀 모르고 있을 겁니다. 저는 이러한 사실을 논문에 썼습니다. 이것이 대한민국이라는 국가의 기틀을 근본적으로 흔들고, 부정한다는 것이랍니다. 그러나 이게 진실입니다.

이제는 북한과 대등하게 회담하고, 장성회담 등 뭐든 다 하고 있습니다. 만약에 유엔총회가 승인한 유일 합법 정부라는 과거의 그런 반공주의적인 대전제가 사실이라면 그런 행위는 전부가 불법입니다. 그야말로 남북 정상회담을 한 김대중, 노무현 전 대통령부터 형무소에 가야 하는 겁니다. 유엔총회는 "대한민국이 38도선 이남에 수립된 정부고, 그 전제와 조건 하에서만 유일한 합법 정부다."라고 인정한 것입니다. 그러니까 만약에 38도선 이남에서 어떤 자가 정부를 하나 더 수립했다면 그것은 괴뢰 불법 정부라고 볼 수 있습니다. 유엔이 승인한 38도선 이남의 정부는 서울에 있는 '대한민국'이라는 정부인데, 대구나 광주에 또 하나 들어섰다고 한다면 그건 괴뢰 정부이고 불법입니다. 그렇지만 북한의 정부는 남한의 정부하고 대등한 국가이고 정부로 봐야 합니다. 이런 얘기는 정말 이론적으로 끝이 없이 강의를 해야 합니다.

과거에 군사정권은 북한의 군사력이 남한에 비해서 우월하기 때문에 하루 사이에 북한의 20만 병력이 포항까지 점령하고 내려올 수 있다는 식으로 겁을 주면서 통치를 해왔습니다. 이걸로 반공 통치를 한 것입니다. 많은 사람들이 정말로 북한이 전쟁을 하려고 호시탐탐 노리고 있고 그 군사력이 엄청나서 남한에 하루 사이에 밀고 내려올 수 있다는 반공주의자들의 선전과 잘못된 주장을 믿고 있을 때, 저는 82년에 〈남북한 전쟁능력 비교 연구 시론〉이란 논문에서, 남한의 군사력이 북한의 군사력보다 월등하다고 주장했습니다. 지금 남한의 군사력이 북한보다 월등하다는 게 아닙니다. 이미 82년 상태에서 남한의 군사력이 월등하다고 이야기한 것입니다. 북한의 군사력이 남한보다 강하다고 생각하는 사람이 요즘에야 없겠지만 저는 이미 80년에 들어와서 모든 자료와 사실을 통해 "우리가 강하다."라고 발표했습니다. 꿈을 깨야 합니다.

미국의 광역적 군사행동

저는 85년에 한미방위조약에 관한 논문을 썼습니다. 우리는 한미방위조약이라는 것이 미국이 남한을 보호하기 위해서 만들어진 조약이라고 생각하는데 거의 90%는 사실과 다른 겁니다. 10%는 그런 효과와 목적이 있었습니다. 1953년 12월 체결된 한미방위조약은 그 당시의 상황에서는 미국의 군사력이 남한을 보호하고 국가를 보호하는 그런 관계가 있었습니다. 그러나 80년대에 들어오면 벌써 그 효과와 목적은 사라집니다. 미국은 한반도에서 남북한의 통일을 방해하고 거부하며 오히려 남북한의 영원한 분단을 책동하고 그것을 고착화시키고 있습니다. 80년대 말에서 90년대에 들어오면 대한민국 군대는 북한을 군사적으로 섬멸할 수 있는 미군의 하부구조로서 기능하고 있습니다.

대한민국의 군대는 독립 국가와 주권 국가의 군대가 아닌 것을 여러분들이 잘 알아야 됩니다.

세계적으로 지탄받고 있는 미국의 제국주의적인 이라크 침략전쟁에 대해 남한의 군대가 또 다시 베트남전쟁 때처럼 가야 한다고, 이런 것을 의무로써 생각하고 있는 어리석은 자들이 많이 있습니다. 신임 한미사령관이 기자회견을 했는데 이런저런 얘길 하다가 슬쩍 한 마디를 넣었습니다. 전 그것을 뉴스로 보면서 '큰일 났구나.' 하고 생각했습니다. 한 두 신문이 그걸 파악하고 사설에서 반박을 했습니다. 뭐냐 하면 "앞으로 대한민국의 군은 미국의 광역전략의 동반적 군사력으로 행동하게 될 것이다."라고 이야기했습니다.

광역적 군사행동이란 무엇이냐 하면, 한미방위조약에 의해서 남한에 있는 미군은 한반도에서 북한군의 침략이 있으면 그것을 방어하기 위해서 존재한다는 것이 명시화되어 있음에도 불구하고 한반도하고 전혀 관계없는 유럽, 라틴아메리카, 아랍 등에서 군사행동이 가능하다는 것입니다. 사실 이것은 미국이 20년 이내에 중국을 군사력으로 없애버리려는 전략에 의한 겁니다. 미국의 전략과 전술에 대해 남한 사람들이 모르고 있는 문제들이 많습니다. 동북아시아를 중심으로 말하면 미국은 앞으로 20년 이내에 미국보다 더 커지거나 또는 그 세력이 정치, 경제, 사회, 군사, 문화 모든 면에서 미국에 맞서 대등한 세력으로 등장할 것으로 예측되는 중국을 없애려고 하는 군사전략을 지금 동북아시아에 진행하고 있는 겁니다.

1972년 미국의 닉슨 대통령이 중국을 방문했을 때 "대만은 원래 중국의 고유의 영토이기 때문에 대만을 독립시키려는 어떠한 개입도 하지 않는다." 이렇게 선언하고 약속을 했습니다. 그러나 미국은 30여 년 동안 대만정권을 군사적으로 무장시키고 독립시키려 했습니다. 일본의 오키나와 기지처럼 대만을 이와 같이 요긴한 군사기지로 만들려고 시도해왔습니다. 그래서 대만이 중국을 공격할 수 있는 능력을 보유하게 되고 중국에 내란이 발생하게 될 때, 미국은 그 기회를 이용해서 중국에 대한 전쟁을 벌일 수도 있습니다.

아직 중국이 미국에 대항할 힘이 없으니까 혹시라도 미국의 그와 같은 군사적인 압력에 굴하게 되거나 또는 그 전 단계에서 중국이 어떤 외교적인 해결을 모색할지는 모르겠지만 이것은 우리에게 굉장히 중요한 문제입니다. 중국이 미국에게 당신네들이 원하는 대로 북한과 전쟁을 해서 굴복시키든 지배하거나 해서 마음대로 한반도를 요리하고, 그 대신 대만은 손대지 말고 우리에게 약속한 대로 달라고 할 수도 있습니다. 미국과 중국 사이에서 대만과 북한을 가지고 이런 흥정이 벌어질 가능성이 아주 농후하게 있다고 볼 수 있습니다.

우리의 주권을 보호하는 한미방위조약의 역할은 이제 끝났다고 볼 수 있습니다. 북한은 지금 아시다시피 경제적으로 말하면 한국의 26분의 1 수준입니다. 지금 북한은 남한하고 전쟁할 여력이 없습니다. 평화적인 남북한의 군사적 긴장 완화를 통해서 남한도 쓸데없는 국가 예산의 낭비를 막아야 합니다. 미국 무기 사다가 북한과 대항하는 어리석은 짓을 할 필요가 없습니다. 미국은 바로 우리 남한 사람들이 그런 평화 지향 의식을 가질까봐 계속 북한의 침략위협을 강조합니다. 미국은 끊임없이 북한의 도발 가능성을 극우세력에게 주입함으로써 남한에 대하여 미국이 지배할 의무가 있다는 점을 역설하고 있습니다. 한국사람들은 미국의 그와 같은 전략에 마비되어서 미국 없이는 못 산다는 그런 어리석은 정신 병자가 되어버린 것입니다.

  한국 사람들은 소파(SOFA, 한·미주둔군지위협정)와 관련해 미국과의 법적 지위 문제를 놓고 불화가 일어나면, 미국이 우리 주권을 침해한다며 마치 대한민국이 주권 국가나 독립 국가인양 착각을 하고 있습니다. 대한민국은 주권 국가가 아닙니다. 미국의 예속 국가입니다. 그런 의식을 확고히 해야 합니다. 대한민국이라는 나라는 그리고 대한민국의 국민은 미국이라는 국가에 대해서 주권이 없다는 것을 알아야 합니다. 이미 방위조약에 그렇게 결정되어 있습니다.

  국가가 국제 간 생존에 있어서 분규를 해결하는 방법은 처음에는 외교적 방법인 말로 하는 방법이 있고, 둘째는 어떠한 이익을 교환해서 상호간의 선택을 하는 방법이 있습니다. 마지막으로는 앞서 말한 두 가지로 해결이 되지 않을 때 전쟁으로 가는 방법이 있습니다. 전쟁을 하지 않고 해결하는 것이 최상의 방법이긴 하지만 국가의 이익을 최종적으로 보호하는 수단은 결국 전쟁인 것입니다. 그런데 전쟁을 수행하는 최고의 국가주권과 독립성의 보호수단이 무엇입니까? 그 주체는 군대입니다. 그런데 우리의 군대는 대한민국 대통령에 속해 있지 않고, 엉뚱하게 다른 나라 대통령에게 속해 있습니다. 우리에게는 최종적으로 국가의 이익이 필요할 때 무력을 사용할 능력이 없습니다. 근원적으로 배제되어 있습니다. 아주 엄청난 사실입니다. 여러분들 혹시라도 대한민국이라는 나라를 주권 국가라고 생각하고 있습니까? 외국하고 경기를 할 때 자랑스럽게 대한민국~ 대한민국~ 하고 떠드는 것은 괜찮아요, 운동이니까. 그러나 진정으로 대한민국이 주권 국가나 독립 국가라고 착각해서는 안됩니다.

한미방위조약 제3조에 어떻게 되어 있냐면 이렇게 되어 있습니다. "대한민국은 대한민국과 미합중국의 합의에 의해서 그 영토와 영해와 영공을 미국의 군사력의 배치와 관련해 조건없이 무상으로 제공하고 미국은 또 이를 수락한다."라고 되어 있습니다. 쉽게 말하면 이런 겁니다. 개인에게 있어 그 생존의 법적, 정치적, 물질적, 문화적 틀은 말하자면 내 가족, 내 집, 내 은행통장, 내 울타리 안의 텃밭 이런 거 아니겠습니까? 국가의 경우도 마찬가지입니다. 그런데 한미방위조약에 의해서 대한민국은 국가의 생존의 틀인 영토, 영해, 영공을 미국에게 무조건 무상으로 시간에 제한없이 무기한으로 양도하고 있는 겁니다. 이렇게 해놓은 국가나 국민이 어떻게 주권 국가입니까?

여러분! 미국이 주한미군 1개 사단(3천6백 명)을 이라크에 파병한다고 했을 때 한국 정부하고 사전에 얘기도 없었다고 합니다. 얼마나 창피한 얘기입니까? 세계에 이따위 나라는 없습니다. 일본도 미국과 방위조약을 체결했을 때, 그 조약의 내용은 대체적으로 우리하고 비슷한데, 미국군대가 이동할 때는 일본 정부와 분명하게 사전 협의를 해야 한다고 못 박고 있습니다. 우리하고 또 다릅니다. 미국은 군사적인 차원에서 말한다면 "한국은 내 영토고 내 영해고 내 영공인데 그걸 너희들이 간섭할 게 뭐 있냐?"라고 합니다. 조약에 의해서 미국이 한국에서 군대를 마음대로 움직인다고 해도 우리는 간섭하지 못하게 되어 있습니다.

지금 일 년에 2천 건의 미군과 관련된 범죄 사건이 일어납니다. 그 미군범죄 사건에 대해서 최소한 재판권 내지 조사권이라도 행사되는 것이 일본의 24% 정도밖에 안 됩니다. 여러분들은 필리핀 사람들이 여기 와서 식모나 하고 노동을 하니까 보잘 것 없이 보여 우습게 볼 지 모르지만 필리핀은 우리하고 달랐습니다. 100년 동안 미국의 식민지였던 필리핀은 2차대전 종결 후에 독립 선언을 했습니다. 그때 3억7천만 달러를 미군기지 사용료로 받았습니다. 필리핀에는 수빅만灣기지가 있고 아시아 최대 공군기지인 클라크기지가 있었는데 이에 대한 사용료를 받았던 겁니다. 우리처럼 "예~, 맘대로 당신네 겁니다." 이게 아니었습니다. 그리고 1983년 필리핀 정부는 이제 인플레가 되어 값이 올랐으니까 미군기지 사용료로 8억 달러를 내라고 했습니다. 미국에 대해서 기지 사용료를 인상한 겁니다. 그래서 미국은 "꼴갑하네, 이 새끼들." 뭐 그러기도 했지만 베트남 전쟁이 끝나서 베트남에 근접해 있는 그런 엄청난 군사기지가 별로 효용이 없었기 때문에 8억 달러를 줄 바에는 나간다고 했습니다. 필리핀은 그 후부터 미국의 군사기지가 없습니다. 결국 우리나라의 경우만 그러했던 것입니다.

서해 북방한계선

서해 북방한계선에서 꽃게잡이 때문에 남북한 해군이 충돌한 적이 있습니다. 그때 북한 해군이 구축함을 몇 척 가지고 내려왔었는데 이 나라의 신문들, 지식인들 너나 없이 데모하고 북한 타도를 외쳤습니다. 신문들은 북한이 우리의 영해를 침범했다고 야단이 났습니다. 북한과 남한 사이의 영토에 대한 규정은 1953년 7월 27일 체결된 휴전협정만이 유일한 국제법적인 정치적 근거입니다. 거기에 대한민국 대표는 아예 참관도 못했습니다. 그 회의에 참여할 수 있는 주권 국가가 아니었으니까요. 대신 남한의 모든 이권이나 전쟁의 결과를 대표해서 사인한 것은 미국입니다.

상대방은 조선민주주의 인민공화국이고, 최종 승인은 북측 대표로 남일이 했고 중국군대를 대표해서 펑더화이(팽덕회, 彭德懷)가 사인을 했습니다. 휴전협정문서는 세 나라 언어로 되어 있습니다. 영어, 조선말, 중국어로요. 거기에 뭐라고 되어 있냐면 "법적인 해석과 분쟁이 있을 때에는 그 근거는 영어, 조선어, 중국어로 한다."입니다. 한국어가 아닙니다. 한국어가 아니라 조선어예요.

그런데 거기에 "서해안에는 아무런 선을 긋지 못한다."라는 말이 딱 못박아 있습니다. "서해안 바다 밑에는 어떠한 분계선도 긋지 못한다."라고요. "이 해역은 쌍방이 공유하는 해역이다."라고 되어 있습니다. 그런데 휴전협정을 체결하고 조인할 당시 연평도 등 다섯 개 섬은 미국의 공군력과 해군력이 막강하게 지배하고 있었습니다. 그래서 서해안에 있는 다섯 개의 섬들은 앞으로 평화협정이 정식으로 체결되어서 그 영유권 관계가 최종적으로 해결될 때까지는 잠정적으로 유엔군의 관리 하에 둔다고 되어 있습니다. 그래서 그 섬들은 유엔의 관리 하에 두는 것이지 대한민국의 영토가 아닙니다. 이 바다엔 어떠한 분계선도 긋지 못하게 되어 있는 거예요. 아주 중요한 겁니다. 그걸 정전협정 체결될 때 아무런 능력도 없는 이승만이라는 대통령이 감히 북침통일한답시고 압록강, 두만강까지 가서 무력통일을 해야 한다고 주장을 했습니다. 그래서 미국이 휴전협정을 체결하려는 것을 강력히 방해했습니다. 여러분들은 상상이 안가지요? 판문점에서 전쟁포로 문제를 포함한 정전에 대한 협정을 하고 있을 때에 이승만은 한국군을 시켜서 남한에 있던 5만여 명의 북한과 중국의 포로들 가운데 3만여 명을 야간에 전부 석방시켜버립니다. 엄청난 국제법 위반이었지요. 포로는 전쟁과 관련된 범죄여서 전쟁과 관련된 법률에 의하여 전쟁포로에 맞는 합당한 대우를 받아야 한다는 규정이 있습니다. 함부로 해서는 안된다는 말입니다. 정전협정이 진행될 때 이런 일이 있었기에 북측과 중국의 항의가 엄청났습니다. 전 세계적으로도 이승만의 깡패와 같은 짓거리를 용서할 수 없다는 여론이 형성됩니다.

그래서 미국의 아이젠하워 대통령은 이승만이 휴전협정을 결렬시키려고 하자, 비상사태로 보고 유엔군으로 하여금 이승만을 체포, 감금하려는 계획을 수립합니다. 그리고 대한민국 정부를 해체하고 대통령을 새로 임명하려 합니다. 그래서 남한의 국가관리를 유엔이 하게 하려 합니다. 그리고 유엔사령관이 이런 비상조치를 백선엽 당시 대한민국 육군 참모총장에게 위임합니다. 이와 같이 이승만을 잡아넣고 정부를 해체시키며, 유엔이 관리하는 정권을 수립하여 새로 들어설 정권에게 국제법을 지키겠다는 서약을 받으려 하는 엄청난 사태가 벌어진 것입니다. 미국이 이렇게 강력하게 나오자 이승만은 할 수 없이 휴전협정에 동의했습니다. 그러나 휴정협정이 조인된 뒤에도 이승만 대통령은 남한의 해군을 북한의 황해도에 상륙시켜 전투행위를 계속 했습니다.

서해를 살펴보면, 황해도와 인천 사이에 강화도가 있고 그 근처에 우도라는 작은 섬이 있습니다. 그리고 판문점으로 이어지는 임진강이 있고 그것이 다시 개성으로 이어집니다. 휴전협정에는 임진강이 한강과 합쳐지는 지점까지, 남북 쌍방의 어선들이 왕래할 수 있는 것으로 규정되어 있습니다. 국제법상으로 남쪽의 어선이 북쪽으로, 북쪽의 어선이 남쪽으로 와서 정박할 수도 있는 것입니다. 서로 민생은 해결해야 하니까요. 그리고 강이 갈라지는 지점 이후부터는 DMZ이 갈라놓기 때문에 별 문제가 없었습니다. 그리고 연평도, 우도의 섬을 이어서 경계로 삼게 됩니다.

그런데 북의 영토에서 그 선까지의 거리가 고작 6~8킬로 미터 정도밖에 되지 않았기 때문에 경계선에서 소리를 지르면 육지에서 들릴 정도였습니다. 당시 그곳은 미군이 점령했었기 때문에 중국과 북한은 도저히 그 영역을 어떻게 할 수가 없어서 휴정협정에서 일단 유엔군이 그 영역을 관리하는 것이 좋겠다고 합의했습니다. 평화협정으로 영토문제가 해결될 때까지는 유엔군이 관리하는 것으로 된 것입니다. 그리고 여기 바다에는 어떤 명분의 경계선도 그을 수 없다고 못을 박았습니다.

일제시대부터 경기도와 황해도의 경계는 우도를 기점으로 잡았습니다. 그래서 "이 경계선에 입각해서 행동한다. 그러나 선은 그을 수 없다."라고 서로 합의를 보았던 것입니다. 그러나 휴전협정 체결 이후에도, 이승만은 남한의 군대를 황해도에 주둔시켜 북측을 계속 공격해 소도 끌고 나오고 사람도 죽이고 합니다. 제가 지금까지 설명드린 것은 기록에 명확하게 나와 있는 사실입니다. 여러분은 대한민국이 국제법을 상당히 잘 준수하는 나라라고 생각하실 텐데, 그렇게 생각하면 큰일입니다. 그것은 사실과 다릅니다.

휴전협정은 북한과 중국, 미국이 함께 참여하여 체결한 조약이었습니다. 그런데 이승만이 이렇게 북의 영토를 침입하고 공격을 하자, 휴전협정이 언제 깨질지도 모른다며 이런 사태가 온다면 미국이 책임져야 한다는 국제여론이 형성되었습니다. 당시 미국의 아이젠하워 정권은 휴전협정 이후에도 계속 이승만이 북의 영토를 침범하자 유엔사령부로 하여금 줄을 하나 긋게 했습니다. 그것이 현재 여러분들이 알고 있는 서해 북방한계선NLL인 것입니다. 이 선은 북한에서 내려오지 못하게 하기 위해서가 아니라, 남측에서 올라가지 못하게 막는 선으로 유엔이 공표한 선입니다.

이런 문제는, 극우반공주의와 북한에 대한 맹목적인 적개심 그리고 미국에 대한 맹목적인 숭배사상 등으로 의식이 마비되지 않고 몽롱해지지 않는다면, 그리고 판단력이 있고 의식이 선명한 개인이라면 초등학교 3학년 학생도 알 수 있는 사실입니다. 북방한계선의 목적과 본질에 대한 이런 분명한 사실을 모를 리가 없습니다. 왜 그럴까요? 북방한계선의 이름은 한자로 '北方限界線'입니다. 북방으로 올라가는 것이 배이든지 사람이든지, 북쪽으로 올라가려다가 한계선이 나오면 더 이상 갈 수 없는 북쪽의 한계선이라는 뜻입니다. 만약 북한의 배나 군대가 남쪽으로 침범해서 내려오려고 하기 때문에 만든 선이라면, 이름을 바꾸어서 '남방한계선南方限界線'이라고 해야 하는 것 아닙니까? 초등학교 3학년도 알 수 있는 이런 단순한 내용을 내가 논문에다 쫙 썼는데 서울대학교 법과대학의 학장이라는 어느 교수는 이걸 가지고 "한국의 영토인데 무슨 소리냐?"라고 했습니다. 사태가 커지니까 유엔군사령부가 "북방한계선은 이런 이유로 공표한 것이다."라고까지 해명을 했습니다. 반공주의에 찌든 남한의 지식인들은 이성적인 인간이 아닙니다. 서울대학 법대의 학장이라는 자가 북한이 남한을 침범했다고 핏대를 세우는 것을 보면 나머지는 더 알만 하지 않겠습니까?

이것뿐이 아닙니다. 저 평화의 댐이라고 화천에 댐 세운 거 아시죠. 여러분들은 그 댐을 세우게 된 그 당시 상황을 잘 모를 겁니다. 당시 남한 독재정권은 남한의 국민들을 반공교육을 통해 북한에 대한 적개심으로 몰아붙여야 했습니다. "북한이 화천에 있는 강의 물을 막아서 자기네 발전댐으로 사용하다가, 유사시 댐을 터서 남한을 물바다로 만들려고 하는 거다."라고 하면서 난리가 났습니다. 그 당시에 교수라는 지식인 작자들이 써놓은 논문이라는 것이 기껏 북한이 저 댐을 무너뜨리면 남한은 서울의 남산 꼭대기까지 물이 차서 순식간에 물바다가 된다는 어이없는 내용이었습니다. 그래서 남한 사회 내에서는 한때 엄청난 야단과 소동이 일어났습니다.

정신을 제대로 차려야 해요. 정부가 발표하는 것, 신문이 발표하는 것, 군대가 발표하는 것들을 바라볼 때 기본적인 자세로써 데카르트가 말한 'To doubt is the beginning of reason.'을 항상 염두에 둘 것을 당부합니다. "군대가, 정부가 이런 내용을 이야기 하는데 그것이 정말일까?" 하는 의심을 가져달라는 것입니다. "혹시 사실이 아니지 않을까? 'To doubt' 해야 하지 않을까?"하는 생각을 가져달라는 것입니다. 지성인이라면 권력이 말하는 온갖 것들에 대해서 맑은 정신으로 'To doubt' 해주시길 부탁드립니다.

다시 평화의 댐 이야기를 하자면 북측에서 금강산댐을 만들어 물을 채우는데, 여기서 남한강으로 물이 내려가면 발전소가 남한쪽으로 가까워지고 물이 남쪽으로 흐르니까, 전쟁 상태를 맞이하게 될 때 좋지 않기 때문에, 터널을 뚫어서 물줄기를 돌리고 이것으로 발전기를 돌리는 것이

유리하다는 것이 북한의 댐 조성 이유였습니다. 이것을 가지고 남한을 물바다로 만들기 위한 것이라며 조작하여 떠든 것입니다. 저는 그것이 너무나도 한심해서 또 글을 쓸 수밖에 없었습니다. 민족 문제와 한반도 문제를 모르고 있는 현실이 안타까웠던 것입니다.

우리도 간첩을 보냈다

남북의 통일과 관련된 내용에 대하여 이야기를 해보겠습니다. 지금까지 설명한 내용은 '우리의 판단력이 얼마나 흐려져 있나.'를 알아보는 것이 더 중요하다고 생각했기에 이런 저런 말씀을 드린 것입니다. 가령, 총격사건과 같은 정전협정 위반이 종종 일어나는 것을 아실 겁니다. 북한과 정전협정을 맺은 1953년 7월 이후, 연수年數로 따져서 40여 년 동안 북쪽에서 휴전협정을 얼마나 위반했을 것 같습니까? "북한이 정전협정을 위반했다, 휴전협정 위반했다."라고 하면 얼마나 했을까요? 북한하고 남한을 비교하면 몇 대 몇 정도로 남한쪽이 휴전협정을 위반했고 북한쪽이 휴전협정을 위반했을까요? 지금 아마 북한은 한 십 만 건, 남한은 한 두 건 그렇게 이야기하는 사람들이 있습니다. 그렇게 믿어왔습니다.

북한과의 정전협정을 다루는 판문점의 중립국감시위원단에 공식적으로 접수된 내용을 보면, 총알 탄피 하나라도, 사람이 직접 보든지 미국의 정찰기가 정찰한 결과든, 남한으로부터 북한에 침투하든 김신조 일당처럼 북한으로부터 남한에 내려오든, 그 건수를 전부 합치면 여러분이 조금 놀라겠지만 그 비율은 1:1 정도로 거의 비슷합니다.

북한이 45만 건입니다. 그러면 남한은 한 천 건 될까요? 우리가 더 많습니다. 46만 건 정도 됩니다. 약속, 협정, 조약을 위반한 객관적 통계 사실마저 반공주의사상으로는 전혀 이해할 수 없습니다. 여러분들은 북한이 밤낮 간첩을 보내는 걸로 알고 있었을 겁니다. "공작원이 내려와서 수류탄을 던졌다느니, 간첩이 남한 사회에 우글우글하다."라는 소리를 들었을 것입니다. 굳이 예를 들면, 한심한 김○○이라는 링컨 숭배자가 있습니다. 또 박○이라는 신부가 있습니다. 하여간 자기 딴에는 최고 우파 기독교 신자고 신부이고 하나님을 믿고 정직하다고 하는데 뭐 이런 사람들이 하는 소리가 뭐냐면, "북한이 보낸 간첩 5만 명이 남한 사회에 우글거리고 있다."입니다. 또 매일 5천 명씩 내려오고 있다고 이야기한 것을 기억하고 있을지 모르겠습니다. 겁 주는 겁니다. 여러분들도 이제는 알고 있으리라 짐작하지만, 북한에서 보내는 공작대와 간첩의 몇 배를 남한에서 북으로 올려보냈다는 사실입니다.

제가 이 사실을 김대중씨와 이회창씨에게 대통령선거 때 물었습니다. "북한에서 내려온 소위 간첩이라는 사람들 중 미전향수가 한 30명 북한으로 다시 올라갔고, 아직도 몇 백명 정도 남아 있습니다. 평양에서 온 사람들은 그 동안 형무소에 들어간 사람들을 다 합쳐봐도 그저 천 명이나 될까요. 그런데 북한에 우리가 올려 보냈던 군 정보부대와 그러한 분자의 수가 1만 5천 명 가까이 된다는 사실을 아십니까? 그리고 그 중에 6

천 명 가량이 그럭저럭 돌아왔고 아직도 북에서 죽었거나 행방불명됐거나 또는 포로가 되어서 전향한 후 그쪽 사회에 충실히 임하는 그런 사람의 수가 7662명이라는 이런 사실을 아십니까?" 그러자 그분들이 "아이고 우리가 간첩도 보내고 공작대도 보냈어요?" 이렇게 대답하였습니다. 이게 한국 사람들의 전형적인 생각입니다. "우리가 언제 간첩을 북한에 보냈나, 이북에서 보냈지."라고 생각합니다. 이제 여러분들도 알게 됐지요. 그때 북에 갔다 내려왔던 생존자들이 군번도 안 주고 연금도 안 주고 하니까 우리를 정규군인으로 인정하고 연금도 달라하면서 가스통에 불지르고 광화문에서 데모하고 그랬던 일을 알고 계시지요?

 이들의 증언에 의하면, 우리가 북한에 가서 온갖 파괴와 살인 등 별 짓을 다 했다고 합니다. 그 사람들 말 들으면 겁납니다. 농촌에 가서 사람들을 막 죽이고 건물을 폭파하기도 하며 북한군 장교를 끌고 내려오기도 하는 등 온갖 행동을 저질렀다고 합니다.

 앞으로 남북한문제와 핵문제를 비롯하여, 한반도문제를 생각함에 있어 제가 가지고 있는 요점을 결론으로 이야기해 드리고자 합니다.

 미국과의 관계에 있어서 대한민국은 주권 국가도 아니고 독립 국가도 아니라는 사실입니다. 물론 대한민국과 미국과의 관계는 1910년 일본의 식민지 합방 때보다 조금 낫습니다. 완전 식민지는 아니니까요. 그러나 1905년 을사보호조약에 의해서 외교권과 군사권, 주요 정치결정권을 일본에 빼앗겼던 상황이 지금의 상황과 비슷하지 않을까 생각됩니다. 우리가 얼마나 불쌍하고 창피한 인종들이며 민족이라는 사실을 알아야 합니다. 세계에서 이라크, 이란, 아프카니스탄만도 못합니다. 제 정신 하나도 없는 머릿속에서 그저 미국숭배나 외치니 이래 가지고 어떻게 되겠습니까? 남북관계에서 오늘 말씀드린 이런 일들이 있었다는 것을 잘 이해해 주셨으면 합니다. 개인이 그러하듯이 민족도, 국가도 자존할 수 있어야 한다는 당위의 말씀을 드리면서 본 강연을 마칠까 합니다.

질의 · 응답

청중 아까 선생님께서는 우리와 상관없이 미국과 중국이 한반도의 문제와 관련해 제2의 카스라-태프트 조약을 맺을 수도 있다고 말씀하셨는데 그게 과연 얼마나 실현 가능성이 있는지 의심이 듭니다.

리영희 지금 대만과 북한, 한반도의 문제를 어떻게 풀어나가야 할지를 두고서 중국과 미국 사이에 여러 가지 시나리오가 있습니다. 많은 시나리오 중에서 우리 한국사람들이 거의 생각조차 하지 않았던 대만문제가 우리 남북한문제와 결부되어서 얘기될 수가 있느냐 하는 건데요. 그런 사태가 그 시나리오의 하나로 있다는 겁니다. 그래서 그 가능성, '그렇게 할 것이다.' 라는 개연성에 중점을 두어 얘기하기보다 지금 미국이 북한과의 문제를 타협 지으려고 함에 있어 중국에게 양보를 얻어내기 위한 지렛대로 북한문제를 연결시킬 수도 있다는 겁니다. 이런 시나리오는 몇 개의 시나리오 중에 하나로 있는 것인데 그것을 카스라-태프트 방식에 의해서 교환해버리는 이런 확정적인 방안이 있다거나 합의가 있다거나 가능성이 뚜렷하게 있다는 것은 물론 아닙니다. 다만 대만을 북한문제하고 관계없던 걸로 생각했던 우리들에게 관계가 있을 수 있다는 것을 말씀드린 겁니다. 그리고 중국이 미국을 제어하기 위한 방법 중에 지렛대 방식으로 북한을 이용할 수도 있다는 그런 얘기는 지금 중국 내에서도 많이 얘기되고 있습니다.

청중 선생님이 "남북 체제의 수렴적 통일을 위해서는 남한 사회의 이념적 불균형을 하루 속히 극복해야 한다."라고 말씀하신 것을 들은 적이 있습니다. 2004년 총선을 통해서 진보정당이라고 할 수 있는 민주노동당이 원내에 처음으로 들어오게 되었는데, 이러한 진보정당이 이념적 문제를 극복하는 데 일정 부분 기여를 할 수 있을 지에 대한 선생님의 의견을 듣고 싶습니다.

리영희 남북한은 각기 자신의 체제를 수정해서 체제 수렴적인 통일로 가야 합니다. 북한은 구소련 방식이 아니라 중국 방식으로 가고 있습니다. 고르바초프는 1991년에 구소련을 지배하면서 큰 실수를 범했는데, 뭐냐 하면 러시아 공산당 정치구조를 완전히 파괴해버리고 경제구조 개혁을 한 것입니다. 그래서 구소련이라는 큰 국가가 무정부 상태가 되고 경제도 정치도 사회도 완전히 무정부 상태가 됐습니다. 그것을 알기 때문에 등소평은 중국에서는 정통성을 가진 중국공산당이 어느 시기까지 개혁의 주체가 되어서 정치적 개혁보다는 먼저 경제, 사회적 개혁을 강력하게 실시하게 됐습니다. 지금 20년 됐는데 상당한 성과를 올리고 있습니다. 그러나 러시아는 86년부터 시작했지만 아직 어렵습니다. 그걸 본 북한은 과거 러시아의 이론을 따를 것이냐, 즉 말하자면 "고르바초프식 혁명을 따를 것이냐, 아니면 등소평처럼 체제 개혁을 할 것이냐." 하는 논의를 했습니다. 중국이 워낙 훌륭하게 성공을 거두었기 때문에 김정일은 자주 북경과 상해를 방문해서 중국의 개혁을 배웠습니다. 이제 북한은 돌아올 수 없는 강을 건넜습니다. 말하자면 자본주의의 체제로 가는 것은 아니지만 최소한 중국처럼 시장경제를 하고 경제적 개방, 문호 개방을 하려고 하고 있습니다. 일정한 기간 동안 사회주의 체제의 상층 체제 아래 시장경제의 하위적인 자본주의로 변형해나가려 하고 있습니다. 대신 일체 혼란이 일어나지 않도록 당이 건재해야 한다는 것이 전제입니다.

이런 면에서 남한은 독일의 통일 과정을 보아야 합니다. 동독과 서독이 통일하면서 큰 부작용 없이 이루어진 까닭이 있습니다. 동독 공산주의는 상당한 정도까지 그리스, 로마 문명과 기독교의 문화적인 전통을 이어받았습니다. 잠시 한 5,60년 존재했던 체제였기 때문에 기본적으로는 서구문화적 생존양식, 가치관이 지금까지 자연스럽게 다 있는 겁니다. 그리고 서독은 자본주의면서 미국의 동맹 국가라고 하지만 여러분이 잘 알다시피, 국가의 정치적 대들보로써 사회주의 성향이 확고한 사회주의 정당이 자본주의적 보수정당과 대등하게 정보를 교환하고, 선거를 통해서 이기기도 했습니다. 사상 교육 이념 생활양식에 있어서 사회주의를 몇 십 년 했습니다. 어떤 의미에선 유럽에서 제일 사회주의 전통이 강한 나라입니다. 동독과 서독은 이 같이 서로 유사한 가치관과 생활양식, 관습, 정치 체제를 갖추고 있었기 때문에 통일할 때 부작용이 적게 일어나고 파괴적인 민족 간 전쟁이 일어나지 않았던 겁니다. 물론 문제가 없지는 않지만 비교적 순조롭게 통합이 이루어지고 있습니다. 만약에 동독이 이와 같이 서구라파적인 문화전통과 정신, 문화적, 사회적, 관습적 토대가 없었더라면, 또 서독이 오로지 자본주의의 정당만 존재하는 반공주의적 체제였다면 동, 서독의 합방은 아마 내전과 내란을 겪었을 겁니다.

그런 의미에서 지금 북한이 개방된 사회체제로 가려면 아직 멀었지만 과거의 엄청 폐쇄적이고 배타적인 체제였던 것에 비하면 최근 들어 굉장히 놀랍게 변화하고 있습니다. 남한과의 협력관계가 일부 분야에서 이루어지면서 평양을 중심으로 북한 사회가 변화하고 있다는 사실은 부인할 수 없습니다. 이것은 돌이킬 수 없습니다. 그렇지 않으면 살 길이 없기 때문입니다. 이것은 전 세계적인 조류이기 때문입니다.

극우반공주의자들은 인간을 미워하면 공산주의자가 된다고 하면서, 마치 천사의 얼굴을 한 자본주의가 미국인 것처럼 착각하고 있습니다. 지금 미국이 이라크에서 자행하고 있는 범죄행동을 보면, 미국이야말로 세계 170여 개의 국가 중에서 가장 악랄한 국가입니다. 이것은 무엇으로도 변명할 수 없습니다. 전 세계적으로 비난을 가장 많이 받는 나라가 이스라엘과 미국인데, 이스라엘은 팔레스타인과의 관계 때문에 비난을 받지만, 미국은 양의 탈을 쓴 자본주의로 인해 전 세계적으로 비난받고 공격을 받고 있는 것입니다.

우리시대 희망을 찾는 7인의 발언록

손호철

세상에 좌파 정부란 없다

브라질에 가서 굉장히 유명한 지식인을 만났는데
룰라를 비판적으로 얘기하면서 마지막으로 얘기하는 것이
"세상에 좌파 정부란 없다."란 것이었습니다.
즉, 집권을 하면 이미 좌파가 아니고 우파란 것입니다.
진정한 좌파 정부라 해도 집권 이후에는
결국 누가 더 자본의 재생산에 기여하는가를 놓고
우파 정부와 경쟁해야 되는 이런 구조 속에서
좌파란 것은 아무 의미가 없는 겁니다.
결국 개인이나 세력이나 정부에 들어가 무엇을 한다든가,
집권을 해서 무엇을 한다는 생각을 버려야 한다고 생각합니다.
오히려 밖에서 더 많은 것을 할 수 있다고 생각합니다.

오늘의 주제는 한국의 민주주의와 개혁입니다. 저는 크게 두 가지를 이야기하려고 합니다. 우선 세계 근·현대사를 짧고 간단하게 요약해서 소개하도록 하겠습니다. 20분 정도 강의를 들으시고 나면 세계 근·현대사를 쉽게 이해하실 수 있을 겁니다. 이 말씀을 먼저 드리는 이유는 세계사를 통해 21세기 우리의 민주주의와 개혁이 어떤 위치를 차지하고 있는지 또 그 흐름이 무엇인지에 대한 이해를 돕기 위해서입니다. 두 번째 이야기는 지금 개혁이란 무엇인가, 또 민주주의가 무엇인지에 대한 것입니다.

저의 기준으로 세계 근현대사는 크게 세 시기로 나눠볼 수 있습니다. 근대가 형성된 시기를 어떻게 보는 지에 따라 차이가 있기는 하겠지만, 근대가 시작한 시점을 18세기로 본다면 첫 번째 시기는 18세기부터 1920~40년대까지, 두 번째 시기는 1940년대부터 80년대까지 마지막은 80년대 이후부터 현재까지입니다.

경쟁은 필연적으로 독점을 낳는다

우선 처음의 시기는 자유주의라고 불리는 시기일 것입니다. 그 시기를 대표하는 사람이 야경 국가를 주장한 아담 스미스입니다. 그때는 시장이 모든 것을 해결해줄 수 있다고 보고 모든 것을 맡겼던 시기입니다. 그러나 시장은 무한경쟁으로 인하여 1920년대 대공황을 초래했습니다.

약간 벗어난 이야기이긴 하지만 저는 동양철학에 있어서 가장 뛰어난 부분은 변증법이라고 생각합니다. 형식 논리가 'A는 A이고 B는 B다.'라고 생각하는 것이라면 변증법은 'A가 B고 B가 A다.'라는 것입니다. 불교의 '색즉공 공즉색'이 그 대표적인 예입니다. 이 변증법의 중요한 법칙 중 하나는 대립물로의 전화입니다. 사물은 대립하지만 대립물로 변한다는 것인데, 쉽게 이야기하자면 다음과 같습니다. 죽음의 반대말이 삶인 것은 너무나 당연한 사실일 것입니다. '여기서 사는 게 사는 것이고 죽는 것은 죽는 것'이라는 것이 서양의 사고라면 변증법적 사고에서는 '사는 것이 죽는 것'이라는 겁니다. 삶의 반대말, 대립물은 죽음이지만 삶은 언젠가 자기의 대립물인 죽음으로 변할 수밖에 없다는 것입니다.

마찬가지로, 경쟁의 대립물은 독점인데 경쟁은 필연적으로 독점을 낳을 수밖에 없습니다. 즉, 대립물로 전환될 수밖에 없는 것입니다. 경쟁은 약한 사람을 경쟁에서 도태시키기 때문에 살아남는 것은 결국 소수 독점체밖에 될 수 없을 것입니다. 자본주의 경쟁의 결과로 20세기에 들어서서 독점은 강화되어지고 생산력이 엄청나게 발전하게 되었습니다. 그러나 대부분의 민중들은 못 살고 있었기 때문에 그것을 소비할 수 있는 소비력이 없었습니다. 이것을 정치경제학적 용어로 테일러주의라고 말합니다.

테일러주의란 미국의 경영학자인 테일러의 이름을 따서 붙힌 용어인데 초기 자본주의 산업사회의 중요한 조직원리입니다. 쉽게 이야기하자면 3D산업을 이해하시면 될 것입니다. 장시간 저임금 노동이 특징인 것이지요. 맑스가 『자본론』을 쓸 당시, 영국에서는 하루 노동시간을 16시간으로 규제하는 내용의 공장법이 의회를 통과합니다. 그 이야기는 그동안 하루에 16시간 이상 일을 시켰다는 뜻입니다. 아침 8시부터 밤 12시까지 일을 시켰다는 이야기입니다. 테일러주의가 성했던 시기는 그런 장시간 저임금 노동구조가 지배적이었습니다. 그 결과 사회적 대립이 매우 첨예화됐습니다. 게다가 다수 민중의 구매력이 낮았기 때문에 과잉생산 과소소비로 나타나게 되었습니다.

정치경제적 운동은 크게 보아 '돈', 즉 화폐자본이 상품으로 만들어졌다가 다시 돈으로 환원된다는 것입니다. 100원을 투자해서 상품을 만들고 이것은 상품을 팔아 더 많은 돈으로 환원되어집니다. 생산한 다음에는 유통을 통해 돈으로 환원되어야만 합니다. 여기서 '임금'이라는 것은 생산과정에서는 생산비용이고 유식한 말로는 VC variable capital, 즉 기계 같은 고정자본과 대립되는 가변자본이라고 합니다. 따라서 자본의 입장에서 생산비인 임금은 적을수록 좋은 것입니다. 그렇지만 그 임금은 유통과정에서는 구매력입니다. 그래서 이것은 클수록 좋습니다. 그래서 임금을 너무 깎을 경우에는 구매력이 없어 과소소비의 위기 내지 가치실현의 위기가 나타납니다. 흔히 경제가 어려울 때 "소비가 미덕이다.", "주머니를 열어야 한다."라고 얘기합니다. 우리는 IMF를 겪으면서 이러한 점을 잘 알게 되었습니다. 어쨌든 모든 자본가의 입장에서 가장 원하는 것은 나는 임금을 조금 주지만 다른 기업은 임금을 많이 줘서 그 노동자들이 내 물건을 사주는 것일 겁니다. 여기에서 자본에게는 기본적인 딜레마가 생기게 됩니다. 자본은 무조건 노동을 착취한다고 해서 다 좋은 것이 아닙니다. 너무 착취하면 스스로 망하는 길이기 때문에 적당히 그들이 살 수 있는 구매력을 갖추게 해주어야 합니다. 하지만 그것은 사후적인 것으로 누구도 모르는 것입니다. 역으로 내가 너무 많은 임금을 주면 이윤 창출이 안 되어서 다른 경쟁자에게 지게 되는 기본적인 딜레마를 안고 있었던 것입니다. 이러한 문제가 심화됨에 따라 결국 시장이 가져다준 것은 1920년대 경제대공황이었습니다.

포드주의, 개입 국가의 등장

이러한 테일러주의가 가져다준 자본주의의 위기를 극복한 것은 포드주의였습니다. 그 비결은 생산과 유통의 딜레마를 해결한 것입니다. 그것은 물론 기계화에 있었습니다. 1920년대 자동차 한 대의 값이 500달러였었지만 포드가 대량 생산체제를 도입하면서 생산성이 높아지고 한 대에 200달러짜리 자동차를 만들어냈습니다. 하지만 문제는 200달러에 만드는 것에 있는 것이 아니라 대량 생산체제로 비용이 적어졌음에도 불구하고 소비할 사람이 없는 것이었습니다. 결국 생산성이 높아진 만큼 임금을 올려주는 노사 간의 타협이 이루어졌습니다. 노동자를 소비자로서

포섭한 것입니다. 다시 말하면 고임금을 받은 노동자들이 자동차를 사서 대량 소비해줌으로써 대량생산과 대량소비를 연계시킨 것입니다. 과거의 저임금 노동자에서 상대적 고임금 노동자로 바뀌게 되면서 우리 식으로 이야기하는 '자동차를 타는 노동자', '대량 소비 사회'라는 말이 생겨난 것입니다. 따라서 테일러주의에서 벗어나 노동자들이 상대적으로 고임금을 받으며 풍요로워지고 대량 소비체제 내에 포섭되어지는 서구의 황금기가 바로 포드주의를 의미합니다.

기본적으로 대량 생산체제는 엄청난 조립 생산라인assembly line을 필요로 하는 장치산업입니다. 그런데 이 조립 생산라인은 어느 한 라인이 파업을 하면 전체 라인이 다 무너지는 공정입니다. 따라서 장기간의 노사 안정이 필수적인 것이 되었습니다. 그 결과 노동자와 자본의 싸움이라는 제로섬zero-sum적인 적대적인 경기를 극복하고 노사협약을 통해 노동조합을 체제 내에 포섭시키고 서로가 윈·윈 게임을 위해 노사 타협주의를 내세우게 됩니다. 이것은 1940년대 이후 상황입니다.

이러한 포드주의로의 변환과 함께 일각에서는 국가독점자본주의, 다른 일각에서는 복지 국가라고 부르는 개입 국가가 나타납니다. 즉 과거와 같은 자유방임이 아니라 국가가 경제에 개입하는 개입 국가가 생겨나게 되었습니다. 사실 요즈음 모두들 입만 열면 '시장, 시장' 합니다만 시장이 가져다준 것은 대공황이라는 자본주의 최대의 위기였습니다. 그리고 시장이 가져다준 이 같은 위기로부터 자본주의를 구한 것은 국가, 즉 뉴딜정책과 같은 국가의 개입이었습니다. 흔히 케인즈주의라고 부르는 국가 개입의 시대가 두 번째 시기의 특징입니다.

여기서 중요한 것은 민주주의입니다. 이제는 모든 사람들이 민주주의를 이야기하고 민주주의를 모든 사람이 추구해야 하는 가치로 이해하고 있습니다. 그러나 민주주의, 즉 데모크라시democracy라는 말이 좋은 의미로 쓰이기 시작된 지는 100년이 채 되지 않습니다. 데모크라시란 말은 저주받은 언어였습니다. 즉 데모크라시란 말은 소크라테스를 죽인 우민정치였던 것입니다. 그리고 민주주의란 100년 전만 해도 사회주의와 동의어였다고 해도 과언이 아닙니다. 왜 그랬는가를 이해하기 위해 민주주의로 판단할 수 있는 최소 조건은 무엇인가를 생각해볼 필요가 있습니다. 답은 보통선거권입니다.

우리는 누구나 보통선거권을 당연히 추구해야 할 기본적인 가치로 생각합니다. 유엔 안보리 상임이사국에 진출하려는 일본에 대한 우리 정부의 움직임에 대해 제가 쓴 칼럼에서도 논평한 적이 있는데, 일본의 진출 저지를 넘어서는 발상의 전환을 해야 한다는 내용이었습니다. 유엔 안보리를 아예 없애야 합니다. 거꾸로 생각해보겠습니다. 만약 이건희, 정몽구 등 5대 재벌이 안전 보장 상임이사회라는 것을 만들어서 국민이 뽑은 대통령을 거부한다고 가정해보겠습니다. 아마 폭동이 일어날 것입니다. 하지만 국제 정치의 경우에는 그것을 당연하게 생각하고 있습니다. 왜 5대 국가가 자주 국가의 결과에 대해서 거부권을 행사할 수 있습니까? 이처럼 보통선거권은 보통사람들에게 받아들여지는 권리가 되고 있습니다. 하지만 자본주의와 시장경제의 3백여 년이나 되는 역사 중 선진 자본주의 국가 내에서도 보통선거권이 주어진 역사는 100년이 채 되지 않습니다. 특히 테로본의 연구가 잘 보여주는 것은 민주주의는 자본주의와 시장경제 그리고 자유주 '때문에' 이루어졌다기보다는, 이에도 '불구하고', 이에 '반하여' 노동자계급 등 민중세력의 밑으로부터의 압력에 의해 이루어진 것입니다. 물론 나라마다 차이가 있겠지만 대부분 1900년 들어서야, 특히 2차 대전 이후에야 보통선거권이 주어집니다. 따라서 민주주의가 시장경제 또는 자본주의의 결과였던 것처럼 이야기하는 것, 그것은 철저한 역사의 왜곡입니다.

자유주의의 역사는 민주주의에 대한 저항의 역사

특히 주목할 것은 자유주의의 역사는 '민주주의에 대해 저항해온 역사'에 다름 아니라는 사실입니다. 20세기 이전의 보통선거권이란 사회주의와 다른 게 없는 것이었고 모든 자유주의자들은 보통선거권에 반대했습니다.

자유주의자 중 개혁적인 '후기' 자유주의자라고 볼 수 있는 가장 진보주의적인 사람이 있었습니다. 바로 존 스튜어트 밀입니다. 이 사람도 거기에 대한 고민을 합니다. 자유주의자이긴 하지만 진보적인 학자로서 보통선거권을 거부할 수 없다는 것을 알고 있습니다. 결국 노동자에게 선거권을 줘야 한다고 하면서도 거기에 단서를 답니다. 차등선거입니다.

그는 "읽고 쓰기와 기초 산수를 할 수 없는 자가 선거에 참여해서는 안 된다.", "고용주는 평균적으로 노동자들보다 지적이기 때문에 재산상의 자격에 근거를 두는 것도 어쩔 수 없다."느니, "납세자들만이 선거에 참여해야 한다."라는 주장을 했습니다. 그렇다면 존 스튜어트 밀은 왜 그런 얘기를 했을까요? 답은 숫자에 있습니다. 민주주의에서 보통선거권이란 숫자, 즉 쪽수의 게임입니다. 쪽수가 많은 사람이 이기는 것입니다. 따라서 이러한 논리로 이들이 볼 때 인류의 다수를 차지하는 것은 무산자이므로 보통선거권은 즉 사회주의에 다름 아니라고 생각해 끝까지 반대했던 것입니다. 다시 말하면 자유주의의 역사는 보통선거권에 저항하는 즉, '민주주의에 반하는Against democracy'의 역사였습니다.

그리고 정치적 노선은 상당히 다르지만 동일한 사고를 한 것이 사민주의자입니다. 사민주의자와 자유주의는 동전의 앞뒤와 같은 관계였습니다. 물론 사민주의자들은 사회주의를 지지하는 사람들이지만 사고방식은 자유주의자와 똑같습니다. '인구의 절대다수를 차지하는 것은 노동자들인데 무엇 때문에 혁명을 하느냐? 평화적 방법인 선거로 하면 다 이길 수 있는데.'라고 생각한 것이지요. 사민주의와 자유주의자들은 똑같이 보통선거권은 사회주의라고 생각했던 것이었습니다. 그래서 자유주의자들은 반대했고 사민주의자들은 찬성했던 것입니다. 하여간 자유주의와 민주주의는 바로 이 시기의 포드주의를 통해 노동자들이 자본주의에 통합되어지는 과정에서 소위 자유민주주의로 타협이 이루어지게 된 것입니다. 포드주의에 의한 대량 소비체제를 통해 소비자로서 노동자들이 자본주의에 통합되자 이들에게 보통선거권을 줘도 체제에 위협이 되지 않게 된 것이지요. 노동자들이 자신의 투표권을 이용해 자본주의에 지지투표를 할 조건이 이루어진 것이지요. 결국 두 번째 시기에 자유주의가 더 이상 '민주주의에 반하는' 것이 아니라 '민주주의와 함께 with democracy' 하게 되는데 그래서 생겨난 것이 바로 자유주의적 민주주의, 즉 자유민주주의입니다.

하지만 이 짧은 역사의 자유민주주의는 1980년대 변화를 겪게 됩니다. 바로 세계 근현대사의 세 번째 시기인데 여러분이 잘 알고 계시는 대처주의, 레이거노믹스라 불리는 신자유주의, 신보수주의의 물결입니다.

우선 두 번째 시기의 핵심에 있던 포드주의는 위기를 맞게 됩니다. 왜 위기가 왔느냐는 여러 논쟁이 있지만 제일 이해하기 쉬운 이유는 MEMicro Electronic혁명입니다. 컴퓨터 칩으로 표현되는 ME혁명과 같은 과학기술혁명입니다. 과학기술이 빨라지면서 상품주기도 이에 따라 빨라졌습니다. 컴퓨터를 사는 순간 얼마 뒤 반값이 되는 것을 여러분도 잘 아실 겁니다. 포드주의의 거대 조립라인 중심의 장치산업은 수조원의 엄청난 자본을 집어넣고 예를 들어 5년은 지나야 원가가 나오는데 ME혁명으로 새 기술이 나와 6개월이면 시대착오적인 것이 되버리는 것입니다. 이러한 이유로 나타난 것이 포스트포드주의인데 이의 키워드는 유연성입니다. '작은 것이 아름답다.', '공룡은 살아남지 못한다.' 라는 말이 나타내듯, 결국 최근 유행하는 구조조정 개혁이라는 것을 이같은 맥락으로 이해하셔도 좋을 것입니다. 필요할 땐 노동자도 언제든 자를 수 있다는 것이지요. 과거와 같이 평생직장 개념이 아니라, 비정규직도 쓰면서 유연성을 중심으로 내세우는 포스트 포드주의로 변질된 것입니다. 그 결과 서구에서 볼 수 있듯이 과거와 같이 정규직을 중심으로 한 노동조합은 위기를 맞게 되었던 것입니다.

세 번째 시기에는 국가에 대한 인식도 바뀝니다. 국가는 자본주의를 위기로부터 구하긴 했는데 점점 비대화됨에 따라 더 이상 '해결사'가 아니라 '문제아'가 되고 말았습니다. 1970년대 들어 선진국에서 나타난 복지 국가의 위기, 재정적자의 누적 등이 그 예입니다. 동일 논리로 1997년 여름까지만 해도 하다못해 IMF 전까지지만 해도 한국 경제 발전의 기적은 효과적인 국가의 개입 즉, 국가주도형 산업화였다고 칭송받았습니다. 하지만 97년 겨울을 지나면서 국가는 더 이상 해결사가 아니라 저주의 단어가 되었습니다. 그래서 다시 나온 것이 시장이었습니다. 이제는 시장의 시대로 다시 돌아갔습니다.

다시 말하자면 '시장의 실패'를 해결하기 위한 '해결사'로서의 국가가 해결사에서 다시 '문제아'로 전화되면서 국가가 해결하고자 했던 '문제'인 시장이 다시 '해결사'로 복귀한 것입니다. 이것이 신자유주의입니다. 재미있는 것은 부시든 레이건이든 대처이든지 간에 표면적으로는 작은 정부를 주장하지만 아이로니컬하게도 '법과 질서'를 강조하고 '범죄와의 전쟁'을 선언하며 경찰을 늘리는 등 '강한 국가'를 지향합니다. 그런가 하면 어느 부문에서는 국가의 규제 강화를 주장하고 있다는 점입니다. 이 점에서 신자유주의의 작은 정부라는 것은 신화에 불과합니다. 국가의 축소가 아니라 국가의 친자본, 친자본 축적 방향으로의 기능 조정인 것이지요.

결국 이런 신자유주의는 다시 민주주의와의 긴장관계를 야기하게 됩니다. 신자유주의는 우리 사회를 경쟁에서 살아남는 20%와 도태되는 80%로 양극화하는 '20대 80의 사회'로 몰아가고 있으며, 또 무차별적인 대외 개방정책을 폄으로써 초국적 자본에 의한 우리 경제의 지배를 날로 강화시키게 되었습니다. 이러한 과정 가운데 사회적 갈등은 심화되고 있으며 80%는 슈퍼마켓을 터는 강도로 돌변하게 되는 것이지요. 국가는 이 강도로부터 20%를 지키기 위하여 경찰 국가, 요새 국가로 변하는 악순환의 고리가 만들어졌습니다. 그리고 그 동안 획득한 다수 민중들의 민주주의적 권리, 사회 경제적 민주주의는 말할 것도 없고 정치적 민주주의의 권리들까지도 오히려 후퇴하고 다시 민주주의에 반하는 자유주의의 시대, 정확히 말해 민주주의에 반하는 신자유주의의 시대가 온 것이지요. 따라서 국가의 축소가 아닌 기능의 변화가 21세기에 나타나게 되었습니다. 순수한 시장경제와 야경 국가는 신화에 불과하고 국가의 개입이나 국가의 조절이 없는 자본주의는 불가능하다는 점에서, 행위자 수준이 아니라 더 근본적인 의미에서 볼 경우, 모든 자본주의 사회에서 국가는 '중심적'이라고 할 수 있게 된 것입니다. 결국 이러한 신자유주의로의 변화, 포스트포드주의, 사회의 양극화, 민주주의의 후퇴 같은 것들이 21세기의 새로운 흐름이 되었습니다.

한국 사회를 지배해온 키워드, 개혁

이러한 세 개의 큰 흐름 속에서 한국의 민주주의와 개혁에 대하여 말하도록 하겠습니다. 제 생각에 아마 90년대 이후 지금까지 한국 사회를 지배해온 키워드는 개혁인 것 같습니다. 물론 김영삼, 김대중, 노무현 정부의 개혁 실패를 거치면서 개혁이 더 이상 희망이 아닌 조소와 냉소의 언어가 된 것이 사실입니다. 하지만 이와 같은 개혁 피로증에도 불구하고 새로운 정권은 개혁을 이야기합니다. 또 그래야만 사회적 정당성을 가지는 것을 흔히 볼 수 있습니다. 여기서 문제가 되는 것은 과연 개혁이 무엇인가라는 점입니다. 제가 '두 개의 개혁, 두 개의 전선'이라는 글을 쓴 적이 있습니다.

우선 두 개의 개혁 중 하나는 민주개혁입니다. 다양한 우리의 민주적 권리에 대한 권리를 높이기 위한 개혁입니다. 예를 들면 국가보안법 폐지 등 2004년 정기 국회에서 열린우리당이 추진한 4대 개혁입법과 같은 것이 민주개혁으로 볼 수 있습니다.

두 번째 개혁은 관치경제를 개혁해 시장경제로 만든다는 신자유주의의 개혁입니다. 노무현 정부가 비정규직을 확대하는 법안을 통과시키면서 전근대적인 노사관계를 21세기형 글로벌 스탠다드Globalstandard로 만드는 '노동법의 개혁'이라고 주장하는 것이 대표적인 예입니다. 결국 이렇게 전혀 다른 두 개혁들을 구별하지 않고 혼선하여 사용하고 있기 때문에 개혁이 무엇인지 혼란스러웠을 것입니다. 따라서 이 두 개혁을 명확히 구별해야 합니다. 어쨌든 그 이야기는 화두만 던져놓고 역사로 돌아가서 생각해보도록 하겠습니다.

1961년 5.16 쿠데타 이후 30년 동안 한국 사회를 지배해온 것은 흔히 개발독재라고 부르는 '61년체제' 입니다. 이 61년체제는 관료적 권위주의 내지 종속적 파시즘이라고 부르는 억압적 정치체제와 발전 국가 내지 종속적 국가독점자본주의라고 부르는 국가주도형 경제체제를 특징으로 하는 것이었는데 두 개의 과정을 거치면서 점차 무너지게 됩니다. 그 중에서도 정치체제는 1987년 6월항쟁 이후 민주화에 의해 무너지기 시작합니다. 소위 61년체제를 무너뜨리고 87년체제가 나타난 것입니다.

여러분들도 잘 아시겠지만 아직도 우리는 완전한 민주주의체제는 아닙니다. 제가 얘기하는 민주주의란 정치적, 경제적, 사회적, 일상적 민주주의 등 여러 가지가 있지만 정치적 민주주의로 국한시켜본다면 정치적 민주주의의 최소한의 기준이 보통선거권이라고 하였습니다. 이 정치적 민주주의의 판단기준을 이 최소한의 수준을 넘어서 가장 낮은 수준으로 바라볼 수 있는 것이 군사독재 정부가 아닌 문민입니다. 김영삼 정부가 민주 정부가 아닌 문민 정부라고 했던 것은 어떻게 보면 자기를 제대로 알았다는 의미로 볼 수 있습니다. 이승만 정부도 문민 정부였던 것처럼 군인이 아니면 문민이지요. 그렇다고 민주 정부는 아닙니다. 결국 문민 정부가 모두 민주 정부는 아니고 문민을 가지고 민주주의의 기준으로 봐서는 안됩니다.

두 번째는 조금 더 높게 나아가서 생각해본다면 절차적 무하자성, 즉

공정한 선거를 통해서 집권하면 민주 정부라고 보는 것입니다. 그러나 공정한 선거를 통해서 집권 후 독재한다면 그것이 민주 정부입니까? 아닙니다. 히틀러도 선거로 집권했는데 그것을 민주 정부라고 합니까? 아닙니다.

자유민주주의, 민주 정부의 의미는 사실 간단합니다. 사상, 집회, 결사의 자유로 표현되어지는 자유권입니다. 유엔인권조약에는 A협약과 B협약이 있습니다. A협약은 사회권의 문제라 부르는 즉, 사회 실업으로부터의 자유, 최소한의 생존권, 사회적 또는 경제적 민주주의와 관련된 협약입니다. B협약은 영장 없이 구속당하지 않을 자유, 사상, 표현, 결사, 집회 등의 자유입니다. 이 중 B협약의 자유들이 보장된다면 그것은 민주주의입니다. 과거 80년대 소련 정부가 망한 후에 정치학에서 나타난 흐름은 민주주의론의 보수화입니다. 과거와 같이 즉, 맑스주의처럼 사회경제적 민주주의를 포함해 민주주의를 말하지 않습니다. 대신 민주주의를 최소한으로 정의하는 최소주의적인 흐름이 지배적이게 되었는데 그런 기준에 의하면 민주주의냐 아니냐는 간단합니다. 특정 이데올로기나 특정 이데올로기의 정당을 금지시키지 않으면, 민주주의인 것입니다.

그런 가장 최소주의적 기준, 그렇지만 가장 널리 사용되고 있는 기준에서도 한국은 아직 민주주의가 아닙니다. 우리나라는 대신 제한적 정치 민주주의라고 할 수 있습니다. 그런 의미에서 한국을 민주주의 국가라고 부르는 수많은 무식한 한국 정치학자들보다는 그나마 똑똑한 것이 노무현 대통령입니다. 노무현은 최소한 그것을 알았습니다. 노무현 대통령이

2003년 6월 일본에 방문했을 때였습니다. 하필이면 현충일에 일본을 가서 언론에서 말이 많았습니다. 거기에다 노무현이 일본공산당에 가서 일본공산당 관계자에게 "한국도 여러분처럼 공산당이 마음대로 행동할 수 있을 때 우리도 진정한 민주주의가 될 수 있을 것입니다."라고 얘기했다가 공산당이 좋다는 것이냐고 극우언론에게 두들겨 맞은 것을 기억하는 분도 있을 것입니다. 하지만 노무현이 정확하게 민주주의를 정의내린 것입니다. 자유민주주의란 간단하게 표현하자면 틀렸다 하더라도 표현할 수 있는 자유를 허용하는 것입니다.

조갑제가 노무현 정부가 좌파정권이니 무장봉기해야 한다는 논조의 글을 썼는데 이를 친노무현계 시민단체들이 국가보안법으로 고소했습니다. 그 이야기를 듣고 제가 한 신문에 '조갑제를 위한 변명'이라는 칼럼을 썼습니다. 결국 조갑제가 아무리 틀렸지만 국가보안법은 없애야 하는 것이지 그것으로 구속하면 안된다는 것입니다. 공개토론회에서 진보진영의 모 교수가 조선일보를 폐간하자는 말에 저는 기겁을 했습니다. 제가 조선일보와 입장을 달리하지만 그들이 틀렸기 때문에 그들의 자유를 막자라는 것은 언제든지 우리 주장이 틀렸으니 잡아넣자라는 논리로 우리에게 되돌아올 수 있기 때문입니다.

제가 '스콜키', '다시 생각하는 스콜키', '또 다시 생각하는 스콜키' 라는 제목으로 세 번 칼럼을 쓴 적이 있습니다. 왜냐하면 자유민주주의를 이해하자면 스콜키만한 것이 없기 때문입니다. 스콜키는 미국 시카고 근처의 작은 마을입니다. 강제수용소에서 살아남은 유태인들과 그 가족이 절대 다수를 차지하는 도시입니다. 그런데 사건의 발단은 이러합니다. 흑인과 유태인을 때려잡자는 극우단체 KKK가 스콜키 시에서 전국 KKK 단합대회를 열기 위해 집회 신청을 했습니다. 이 소식이 전해지자 도시 전체가 큰 충격에 빠지게 되고 결국 시의회는 이 집회를 불허한다고 결정하고 이에 KKK는 연방법원에 사상과 표현, 집회의 자유를 이유로 소송을 제기하게 됩니다. 그때 우리나라의 '민주화를 위한 변호사모임'과 유사한 대표적인 인권단체이며 유태인들 대부분이 재정을 지원하며 유태인 변호사들이 주로 관여하고 있는 ACLU(미국시민자유연합)이 정치적으로 정반대의 입장에 서 있는 KKK의 변호를 자청하고 나섰습니다. 한 젊은 유태인 변호사가 그 사건을 맡았습니다. 유태인 커뮤니티의 반발이 거세게 일어났고 자신이 낸 후원금을 돌려달라는 전화가 빗발치게 걸려왔습니다. KKK의 변호를 맡은 변호사는 동네에서 완전히 따돌림을 당하고 테러 위협에 시달리게 되었습니다. 그의 할아버지는 그를 불러 강제수용소에서 죽은 가족들의 이야기를 하며 눈물로 호소했고 그 사건을 계속 맡을 경우 의절한다고 경고합니다.

그러자 이 변호사는 다음과 같은 논리로 할아버지를 설득합니다. "우리와 다른 생각을 가지고 있다는 이유로 그것을 금지시킨다면 나치스와 우리가 다른 것이 무엇인가? 다른 생각을 처벌하는 것에 대해 저항하는 ACLU가 없었기 때문에 강제수용소의 비극이 가능한 것이었다. 자유민주주의가 파시즘, 공산주의와 다른 것은 비록 그것이 틀렸더라도 틀린 생각을 하고 표현할 수 있는 자유를 허용하는 것이다. 그것이 틀렸다는 이유로 이를 억압할 때 그것은 언젠가 우리의 생각, 올바른 생각마저도 억압하게 된다."는 것이었습니다. 결국 그러한 가운데 ACLU가 이겨서 KKK의 집회는 이루어졌지만 청중과 지지자들이 없는 '광야의 메아리'로 사람들의 비웃음 속에서 끝났습니다.

자유민주주의를 보여주는 예 중에 이것보다 좋은 것은 없을 것입니다. 한총련 사태마다 바로 이 얘기를 컬럼으로 썼습니다. 즉, 틀린 것을 이야기할 자유가 없고 "너는 공산주의와 같이 틀린 주장을 하니 잡아 넣어야겠다."라고 하면 "우린 아직 자유민주주의가 아니다."라는 말이지요. 따라서 이런 것을 하려는 노력이 민주개혁입니다.

민주개혁의 개념

민주개혁에 대하여 개념적으로 다시 살펴보도록 하겠습니다. 한국의 언론학계에서 가장 잘못 쓰이고 있는 것이 개혁입니다. 개혁과 보수를 어떻게 사용하는 것이 맞는가는 네 가지 기준을 가지고 판단하는 방법이 있습니다.

일단 첫 번째는 진보, 보수를 변화를 지지하느냐 변화에 저항하느냐는 변화에 대한 태도로 이해하는 것입니다. 1987년 말 소련과 동독의 몰락 과정에서 전통적인 기준으로 볼 때 '좌파'라고 할 수 있는 공산당을 보수파로 부른 것이 좋은 예가 될 것입니다. 진보, 보수에 대한 이런 인식은 다양한 정치세력의 현실과 변화에 대한 입장을 이해하는 데 있어 도움이 되는 장점이었지만 절대적, 이념적 내용과는 무관하게 정세적 인식만을 절대화하는 결정적인 결점이 있습니다.

두 번째는 진보와 보수를 하나의 연속체 상에서 상대적인 정도의 차이로 이해하는 성층론적인 인식입니다. 2002년 대선 당시 중앙일보가 한국정당학회의 도움을 받아 실시한 국회의원과 대선 후보의 이념성향 조사가 그 대표적인 예가 될 것입니다. 이런 시각은 첫 번째와 비교해 단순한 변화에 대한 태도가 아니라 이념적 내용을 기준으로 진보와 보수를 규정하고 있다는 점에서 진일보한 것이긴 합니다. 하지만 이에 따르면 보수로 보아야 할 무쏠리니도 히틀러에 비해 진보적이라는 이유로 진보라고 평가되는 등 모든 것이 상대화된다는 단점이 있습니다. 예를 들어 절대적인 내용을 기준으로 할 때 보수 양당제로 보아야 할 미국의 정당도, 이런 시각에 따르면 민주당이 진보로 규정됨으로써 미국정치의 특수성이 부각되지 못하게 됩니다. 이것은 보수정당 일변도인 한국정치의 경우도 마찬가지입니다. 집권 극우세력보다는 상대적으로 진보적이라는 이유로 보수야당을 진보라고 보는 오류를 범하는 것이지요.

세 번째는 이념적 내용을 기준으로 진보와 보수를 규정하는 것입니다. 그 대표적인 것이 자본주의와 시장경제에 대한 입장으로서 자유주의처럼 이것에 우호적인 것이 보수고 사회민주주의, 사회주의처럼 이것에 비판적인 것이 진보라고 보는 것입니다. 이런 시각은 앞에서 본 두 가지의 문제점을 극복한 어느 정도 바람직한 개념화라고 할 수 있습니다. 그러나 세 번째 역시 사회적 균열의 다층화, 그리고 포스트주의가 주목하는 '주체의 다원주의'와 관련했을 때 진보와 보수의 문제는 또 다른 어려움에 봉착하게 됩니다. 예를 들어 시장경제에 대한 입장을 기준으로 한 진보가 젠더 문제와 관련해 항상 진보인 것은 아닙니다. 따라서 진보의 문제를 단순히 전통적인 계급론적 시각에서 반자본주의 내지 반시장경제로 환원하는 일원론적이고 환원론적인 시각은 잘못입니다.

네 번째는 해체주의, 포스트적인 경향입니다. 얼마 전에 TV 토론에 나가서 같은 토론자인 유창선 박사로부터 "우리가 사회적 소수자에 대하여 관용적 입장으로 대해주어야 한다."라는 이야기를 들었습니다. 그래서 저는 "그렇게 생각하지 않습니다."라고 말했습니다. 모든 사람들은 다층적 측면으로 바라본다면 사회적 소수자이기 때문입니다. 예를 들면 저는 남자이고 대학교수이고 고학력자라는 면에서는 다수자이긴 하지만 키가 커서 맞는 양복이 없어서 소수자라고 볼 수도 있습니다. (웃음) 진보, 보수도 이렇게 다 나누어서 볼 수 있는 것입니다. 또 하나 예를 들어보겠습니다. 저는 노동문제에서는 진보적이지만 젠더문제에서는 남성이기 때문에 보수적일 수밖에 없습니다. 따라서 지난 대선 과정에 한 여성운동가가 "가장 진보적인 남성보다도 가장 보수적인 여성이 더 진보적이다."라며 박근혜를 지지한 것이 바로 이 같은 해체주의적 경향인 것입니다.

저는 이 네 가지 기준 중 세 번째가 중심에 있으면서 네 번째를 결합시키는 이해 방식이 가장 바람직하다고 생각합니다. 여기서 진보, 보수의 문제를 한국정치와 관련해 짚고 넘어갈 필요가 있습니다. 특히 두 개의 잘못된 인식을 교정해야 합니다.

우선 보수를 단순히 반공주의로 이해해 자신들을 보수로 이해하고 김대중 대통령 등 보수 야당세력을 진보라고 비판해온 군사독재세력의 인식은 잘못입니다. 이 세력의 인식과 달리 보수는 자유민주주의적 입장을 의미하며, 이런 점에서 한국정치에서 진정한 보수세력은 김영삼 대통령과 김대중 대통령으로 상징되는 민주화운동 출신 야당세력이고 군사독재세력은 수구에 불과합니다. 또 김영삼 정부와 김대중 정부가 추진한 개혁이 자유민주주의를 넘어선 진보적 내용이 아니라, 극우로 오해되었던 한국의 '보수'를 자유민주주의에 근접시켜 정상적인 보수로 만들려는 노력이었다는 점에서, 개혁은 보수와 대립되는 것이 아닌 것입니다. 즉 개혁이 보수였고 이것에 대립되는 것은 보수가 아니라 수구였습니다.

자유민주주의라는 이름으로 압살해온 자유민주주의

사실 한국 현대사는 자유민주주의의 이름 아래 자유민주주의를 압살해온 과정입니다. 뒤집어서 얘기하면, 뉴라이트계열의 자유주의연대가 생겼다고 해서 저는 제2의 노사모가 생긴 줄 알았습니다. 대한민국에서 자유주의 세력은 노무현 세력이 아닙니까? 또 자유주의연대가 생겼다고 해서 젊은 사람들의 국가보안법폐지연대가 새로 생긴 줄 알았습니다. 그런데 자유주의연대가 아니라 반공주의연대였습니다. 자유주의세력이 어떻게 국가보안법 폐지를 반대합니까? 그게 자유주의입니까? 국가보안법에 대한 찬성과 반대는 진보와 보수의 기준이 아니라 보수와 수구를 나누는 기준입니다.

진정한 자유주의자라면, 진정한 보수주의자라면 그들은 국가보안법 폐지를 주장하고 대한민국 국시가 규정하고 있는 자유민주주의를 만들기 위해 노력해야 하는 것입니다. 자유민주주의는 반공주의가 아닙니다. 그런 의미로 미루어 본다면 민주개혁에서 개혁이라 부르는 것은 진보가 아닌 것이고 수구로부터 보수를 정상화시키려는 것이며 그것이 바로 노무현 정부가 4대 법안에서 추진한 개혁이라고 볼 수 있습니다. 하지만 문제는 그것도 못한 것에 있습니다. 그 문제는 조금 있다가 얘기하도록 하겠습니다.

그리고 보수와 진보에 대한 이 같은 시각에서 볼 때 한국 사회를 보수 대 진보의 이분법으로는 제대로 이해할 수 없고 오히려 삼분법으로 봐야 합니다. 우선 민주노동당, 노동자의 힘과 같은 정치조직으로부터 민주노총과 같은 민중운동조직에 이르는 진보세력이 있습니다. 다음에 민주당으로부터 열린우리당(이들은 최근 통합해 다시 통합민주당이 됐음), 그리고 다양한 시민단체들을 중심으로 한 개혁세력 내지 자유주의적 보수세력이 있습니다. 마지막으로 한나라당과 뉴라이트계열의 냉전적 보수세력이 있습니다. 과거에 수구세력이라고 불렸던 세력이지요.

이제까지 개발독재체제인 61년체제를 무너뜨리고 나타난 87년체제와 관련해 민주주의와 개혁의 문제를 여러 측면에서 이야기했습니다. 즉,

이 개혁은 앞에서 제가 지적한 두 가지 개혁 중 민주개혁의 문제였습니다. 그런데 61년체제의 두 측면인 정치체제가 87년체제에 무너졌다면 다른 한 측면인 국가주도형 경제라는 정치·경제체제는 97년 경제 위기와 함께 무너집니다. 시장 중심의 신자유주의 체제인 97년체제가 나타난 것이지요. 그리고 이때의 개혁이 바로 시장 중심의 신자유주의 개혁입니다.

우선 97년 경제 위기를 집고 넘어가지요. 물론 그 전에도 위기가 있었습니다. 김영삼 정부는 93년 1년간 인기가 좋았지만 93년 말에 들어오면서 개혁은 물 건너갔다고 표현합니다. 개혁을 대신한 담론이 바로 국제화, 세계화였습니다. 여기서 김영삼 정부의 개혁을 무너뜨린 것이 YS IQ라는 이야기도 있지만, 무엇보다 중요한 것은 93년 말 세계적인 사건인 우루과이 라운드, WTO체제였습니다. 무한 경쟁 사회에서 어떻게 살아남을 것인가가 주요 쟁점이 되면서 김영삼 정부는 신자유주의적 프로그램을 무분별하게 만들어냈습니다. 김대중, 노무현 정부가 진행한 노동법 프로그램을 이미 김영삼 정부가 95년 말 96년에 했었습니다. 개혁위원회를 만들고 "신자유적인 흐름에 맞추어서 세계화를 해야 겠다.", "세계화에 적극적으로 대응하지 못하면 우리는 살아남지 못한다."라면서 세계적 흐름으로서의 세계화가 아닌 세계화에 대응하기 위한 '정책으로서의 세계화'를 추진하였습니다. 나아가서는 자신이 한국을 선진국의 일원으로 만들었다는 역사적 평가를 받기 위한 정략적 목표에서 시기상조라는 반대에도 불구하고 무리하게 OECD에 가입하였습니다. 여기서 주목해야 할 점은 OECD에 가입하려면 금융시장을 개방해야 했는데, 한국은 미국의 대공황 때처럼 시장 개방과 규제 철폐를 감독 폐지로 혼동해서 적절한 감독 장치를 마련하지 않은 채 오직 OECD 가입을 위해서만 금융시장을 개방함으로써 위기를 자초하게 됩니다.

〈뉴욕타임즈〉의 분석은 그것을 분명하게 보여줍니다. 95년 우리의 외채규모는 500억 달러였지만 짧은 시간 동안에 97년 말 1800억 달러가 됐습니다. 3년 동안에 3배 이상 외채의 총규모가 늘어났습니다. 한국이 OECD 가입을 추진하자 이를 믿고 과거와는 달리 쉽게 차관을 빌려주었고, 국내 금융기관 및 재벌들은 국제시장의 낮은 금리에 매료되어 무분별하게 외채를 빌림으로써 초래한 결과였습니다. 이것이 97년이라는 결정적인 계기를 만나서 무너지게 됩니다. 그런데 이 모든 잘못들이 관치경제 때문이라는 의식이 팽배해지면서 시장경제가 해답이라는 인식 하에 신자유주의적인 개혁이 무비판적으로 수용됩니다. 결국 이 신자유주의적 정책의 결과는 사회적 양극화를 불러 일으켰습니다.

역사의 아이러니

저는 역대 대통령 중에서 경제적 민주주의를 추구한 대통령이 누구도 아닌 노태우라고 생각합니다. 노태우는 경실련의 기여로 토지공개념을 법안으로 만들었습니다. 경실련은 89년에 만들어졌는데 그들이 제일 먼저 한 일은 투기자본을 막고자 노력한 것이었습니다. 그것을 주도한 사람이 성균관대학교의 김태동 교수입니다. 그런데 김대중 정부 들어서 경제수석이 된 김태동 교수가 제일 먼저 한 일은 노태우 정부의 토지공개념을 무효화시킨 것입니다. 참으로 역사의 아이러니가 아닐 수 없습니다.

동일한 아이러니를 느끼는 것이 있습니다. 현재 우리가 뭐라고 이야기 하던지 한국의 1970년대 이후 대통령을 노렸던 대중정치가 중에서 가장 진보적인 사람은 김대중 대통령이었습니다. 빨갱이라고 매번 시비를 받아야 했고 스스로도 서민의 대통령을 주장한 사람이지만 역사적 결과는 역대 대통령 중에서 가장 반서민적인 대통령이 되었습니다. 우리가 흔히 빈부격차를 따질 때 지니계수를 말합니다. 재산의 불평등을 말하지 않고 소득만 가지고 볼 때 1이면 완전 불평등이고, 0이면 완전 평등이니 그 지수가 적을수록 좋은 것입니다.

지니계수는 김대중 정부 들어서 최악이 되었습니다. 빨갱이라고 시비를 걸었던 김대중 대통령이 김영삼, 노태우, 전두환, 박정희보다 빈부격차를 심화시켰다는 것입니다. 그것은 신자유주의 정책을 추진하는 한 필연적인 결과일 수밖에 없습니다. IMF가 지나고 1년 반이 지났을 때 김대중이 우리는 IMF에서 벗어났다고 주장하고 IMF에서도 한국은 IMF관리 사상 최단 시간 내에 경제 위기를 벗어났다고 공식적으로 승인을 하였습니다. 하지만 국민들은 아무도 믿지 않았습니다. 왜냐하면 생활이 더 어려워졌기 때문이었습니다.

많은 국민들은 자기 삶이 살기 어려운 것이 경제 위기가 끝나지 않아서 살기가 어려운 것이라고 생각했습니다. 하지만 그렇지 않습니다. 역설적으로 다수의 국민이 살기 어려운 것은 경제 위기가 끝났기 때문에 그런 것입니다. 많은 국민들은 경제 위기가 끝나면 펑펑 거리면서 쓰고, 기업의 고용도 늘어나는 것과 같이 좋았던 옛 시절로 돌아가는 것이라고 생각했습니다. 그러나 그것이 아니었습니다. 신자유주의적 방식으로 경제 위기는 극복되었지만, 고용불안과 사회적 양극화는 잠시 지나갈 위기가 아니라 우리의 영원한 미래였습니다.

노무현 대통령이 2004년에 경제 위기 논쟁 중에 "무슨 위기냐, 경제가 이렇게 좋은데."라고 했다는 말을 듣는 순간 한심하다는 생각이 들었습니다. "내가 부족해서 경제가 어렵습니다. 죄송합니다." 이렇게 얘기해야 옳은 것 아닌가요? 살기 어려운 국민들이 대통령이 위기가 아니라고 박박 우기는 모습을 보면 도대체 어떤 생각을 하겠습니까? 물론 대통령 말에도 일리는 있었습니다. 우리나라 100대 기업을 보면 기업의 수익률이 사상 최고입니다. 삼성전자가 얼마를 벌었는데 위기라고 말할 수 있겠습니까? 하지만 그런 소리를 들은 민중, 특히 신용불량자, 청년실업자, 비정규직노동자들의 마음은 어떠했겠습니까?

노무현 정부의 신자유주의적 개혁에 의한 사회적 양극화의 심화는 민주개혁의 심각한 걸림돌이 되었습니다. 2004년 노무현 정부가 국가보안법 폐지를 포함한 민주개혁을 추진했을 때 국민들은 "먹고 살기도 힘든데 과거사청산과 민주개혁이 뭐가 중요하냐."라는 싸늘한 반응을 보였습니다. 물론 일부 언론이 여론을 호도해간 측면도 있지만 사실은 상당한 일리가 있다고 봅니다. 문제는 이러한 현실을 바탕으로 박정희 신드롬이 생겨난 것입니다. 즉 신자유주의형 개혁의 결과로 인하여 민주개혁이 발목을 잡히고 만 것입니다. 핵심은 거기에 있습니다. 바로 자신의 지지기반이 되어야 할 서민층과 민중들이 바로 노무현 정부가 추진하고 있는 민주개혁에 대하여 외면하고 비판하고 있는 것입니다. 신자유주의의 결과 초래된 경제적 위기 때문에 파시즘의 근원인 박정희 신드롬이 생겨나게 되었습니다. 유럽에서도 파시즘의 기반이 되었던 것은 상류층만이 아닙니다. 민중, 노동자와 같은 사람들은 생활이 어려웠기 때문에 대부분 파시즘을 지지하였습니다. 동일한 현상들이 지금 일어나고 있는 것이고 우리가 바라보아야 하는 것이 바로 이것입니다.

  2000년 총선 당시 저는 '교육 민주화'와 '사회 민주화'를 위해 전국의 1천3백여 명의 교수들로 구성되어 있는 '운동권단체'인 '민주화를 위한 전국교수협의회'의 공동 의장을 맡아 활동했었습니다. 그 당시에 총선에 대하여 글을 써달라고 해서 '잘못된 개혁의 이중주'라는 글을 쓰면서 이런 표현을 했습니다. 저는 김대중 정부를 평가하면서 "급진적으로 추진해야 될 민주개혁은 못하면서, 하지 말아야 할 신자유주의적 개혁은 아주 급진적으로 추진한 최악의 조합worst combination이었다고 본다."라고 썼습니다. 사실 김대중 정부에서 민주화한 것이 뭐가 있습니까? 국가보안법을 폐지했습니까? 아닙니다. 김대중 정부에서 잘한 것은 단 두 개, 남북관계와 인권위 만든 것밖에 없습니다. 게다가 김대중 정부의 인권

성적도 낙제점입니다. 사실 2000년 6월 남북정상회담 전까지 국가보안법에 의한 구속자 수와 양심수는 김영삼 정부 시절보다 2~3배 이상이었습니다. 그나마 초기에 한 중요한 일이 바로 IMF 빅딜과 관련하여 정리해고를 받아들이는 대신 결사의 자유와 관련한 노동조합을 일부분 허용한 것입니다. 전교조를 합법화시키고 민노총을 합법화시킨 것이 바로 그 부분입니다. 하지만 반드시 알아야 할 것은 그것은 정리해고를 합법화하면서 그 대가로 허용한 것이라는 점입니다. 노무현 정부가 비정규직을 합법화하면서 공무원노조를 어느 정도 허용하려 한 것과 비슷한 맥락이라고 볼 수 있습니다. 너무나 래디컬하게 신자유주의적 개혁을 한 것 같습니다. 불행하게도 김대중이 영국에 유학가서 대처를 배워온 것 같습니다. (웃음)

신자유주의정책은 다수 민중들의 삶을 파괴하고 양극화를 심화시켰고 "먹고 살기도 어려운데 무슨 민주화와 과거청산이냐?"라는 비판적 분위기와 박정희 향수를 확산시켰습니다. 그리고 그 결과가 바로 2007년 대선에서의 자유주의세력의 참패입니다. 한마디로, 2007년 대선은 이명박과 정동영의 대결이 아니라 이명박 대 노무현, 아니 노무현 대 노무현의 대결이었습니다. 결국 김대중, 노무현 정부 10년의 신자유주의정책에 의한 민생파탄으로 인해 한국의 민주화운동과 민주주의는 1987년 민주화 이후 20년만에 최대의 위기에 처해 있는 것입니다.

사회적 양극화의 얼굴을 가진 신자유주의가 만연하는 한 인류의 미래 역시 불행할 수밖에 없습니다. 1920년대 통제받지 않은 시장경제는 세계공황과 파시즘, 세계대전을 야기했다는 사실을 결코 잊어서는 안 될 것입니다.

　최근에 나타나고 있는 세계화는 두 가지 얼굴을 하고 있습니다. 하나는 신자유주의로 무장을 한 얼굴입니다. 또 다른 하나는 부시의 이라크 전쟁이 상징하는 무장한 세계화입니다. 지금까지 역사상 전쟁은 항상 상대방의 침공 시 자위권을 가진 세력이 거기에 대하여 대립하는 구도였습니다. 하지만 「마이너리티 리포트」라는 영화에서 범죄를 예방 단속하는 것과 마찬가지로 앞으로의 미래가 예방전쟁이라는 끔찍한 결과를 초래하지 않을 것이라는 보장은 어디에도 없습니다. 이러한 전례 없었던 무장한 세계화와 신자유주의의 대립이 이루어지지 않는 한 인류의 미래는 불행할 수밖에 없습니다. 따라서 우리 사회에서 민주개혁의 전선을 어떻게 복원해내고 신자유주의개혁을 극복하는 방안을 모색하는 것이 앞으로 우리가 풀어야 할 중심적인 화두가 아닌가 생각합니다.

질의·응답

청중　우리 사회에서 국민의 역할이 주체적 참여자가 아니라 단지 구경꾼의 역할로 전락하는 것을 많이 보았습니다. 물론 적극적으로 참여할 수 있는 국민의 능력을 뒷받침하는 사회적 배경도 부족하였기 때문이라고 생각합니다. 저는 국민을 구경꾼으로 전락시켜 버린 것이 매스미디어라고 생각합니다. 그래서 민주화에서 있어 매스미디어가 어떤 긍정적인 역할을 했는 지에 대한 의문을 가지고 있습니다. 제 생각에는 이러한 대안으로 시민단체들이 있는 것 같습니다.

손호철 민주주의는 국민이 주인이면서도 또 방관자 입장이 되는 문제를 이야기하신 것 같습니다. 근본적인 문제는 우리 민주주의가 대의민주주의이기 때문에 생깁니다. 루소처럼 그 말을 정확히 한 사람은 없는 것 같습니다. 대의민주주의라고 하는 것은 투표하는 날만 주인이 되고 끝나면 노예가 되는 것입니다. 4년에 한 번만 투표할 수밖에 없고 게다가 지역주의의 볼모가 되는 우리 정치 상황에서, 우리는 민의를 벗어난 행동에 대해서는 거리로 나와서 문제를 푸는 참여민주주의를 이루어 냈습니다. 여기에서 참여민주주의의 중요성이 부각됩니다. 민주주의에서 가장 중요한 것 중 시민적 자본주의가 가진 한계는 시민권이 공장 문 앞에만 가면 멈춘다는 것입니다. 그렇지 않습니까? 여러분은 현대 사회의 특징이 무엇이라고 생각하십니까? 저는 착취당하지 못해서 몸부림치는 것이라고 생각합니다. 강제로 착취하려고 하지 않는데, 취직을 위해 착취해 달라고 몸부림치면서 밤 새워 공부하는 것이 자본이 가진 힘입니다. 자본주의는 일종의 공장 전제정이며 철저한 지배 복종의 체제인 것입니다. 예를 들자면 바깥에서는 이건희 회장이나 나나 한 표이긴 하지만, 만약 회사에서 이건희 회장이 삼성전자 시찰 중 직원에게 떨어져 있는 휴지를 주어서 버리라고 한다면 "같은 시민인데 왜 나한테 시킵니까?"라고 말할 수 있겠습니까?

참여연대에서는 이러한 대주주의 권한을 견제하기 위해서 소액주주 운동을 합니다. 즉, 큰 재산권을 작은 재산권으로 견제하겠다는 겁니다. 노동자들의 경영 참여 즉, 노동자들이 자신의 회사에 대하여 자신이 견제할 수 있는 권한을 가져야 한다는 것입니다. 그것이 시민 운동과 민중 운동의 차이로 볼 수 있습니다. 시민 운동은 소액주주 운동으로 풀려하고 민중 운동은 노동자 경영 참여로 풀려고 노력합니다. 일상적 민주주의라는 점을 주목하여 볼 때 사실 가장도 투표로 뽑아야 합니다. 가정에서 가장도 유세를 해야 합니다. 가정에도 권력관계와 정치가 있고 가끔 권력투쟁이 벌어져 접시도 날아다니는 무장투쟁으로 발전하지 않습니까. (웃음) 또 대학은 대학 총장을 뽑는데 왜 학생들은 들여보내지 않는 것입니까? 따라서 이러한 일상성의 민주주의와 같은 참여, 즉 대의민주주의의 한계를 넘어서는 것이 중요한 일일 것입니다.

매스미디어를 얘기했습니다만, 여기에는 이중적 역할이 있는 것 같습니다. 물론 다양한 정보를 제공함으로써 정치의식을 높이는 측면도 있기는 하지만 소위 매뉴팩처링 컨센트Manufacturing consent 즉, 동의를 창출하는 기능, 여론을 조작하고 정보를 조작하는 등의 양면성이 존재하고 있는 것 같습니다.

저는 그람시 같은 사람이 말하는 것처럼 모든 사람이 지식인이라고 생각합니다. 최근 들어서 중요하게 부각되고 있는 것이 쌍방향 미디어인 인터넷망입니다. 물론 익명성이나 욕설 등의 문제점이 있는 것은 사실이긴 합니다. 매스미디어란 기본적으로 선거와 똑같습니다. 여러분들이 신문을 만들 권한이 없는 것이기 때문에 여러분의 선택은 보느냐 마느냐 이 두 가지뿐입니다. 마찬가지로 4년에 한 번 투표할 것인지 말 것인지의 권한밖에 없는 일방적인 정보의 제공에서 벗어나 쌍방적 통행으로서의 인터넷이 새로운 대안이 될 수 있는 것이 아닌지 생각해볼 만한 문제인 것 같습니다.

시민 운동에서도 참여의 위기란 것이 생길 수 있습니다. '시민이 없는 시민 운동'이 될 수도 있기 때문입니다. 따라서 시민단체에 여러분들이 얼마나 참여하는가가 문제가 될 것입니다.

한 얘기만 더하겠습니다. 2004년 12월에 남미의 베네수엘라에 다녀왔습니다. 차베스의 좌익 정부에 대하여 보고 느끼고 '미국에 대한 돈키호테의 투쟁'이라는 칼럼을 쓴 적이 있습니다. 산업화의 시기에 풍차를 향해 중세의 기사가 말을 타고 달려가는 것이 돈키호테라면 저는 신자유주의에 대항하는 차베스를 보고 '21세기의 돈키호테'라는 생각이 들었습니다. 어쨌든 차베스는 군 출신이지만 참 똑똑한 것 같습니다. 당시 세계에서 온 좌파 지식인이 2~300명이 있었습니다. 오후 3시부터 저녁 8시까지 토론한 후에 저녁만찬을 하기로 했는데 결국 저녁 12시까지 토론을 했습니다. 그 중 재미있었던 것은 차베스에 의하면 민중민주주의people's Democracy라는 말이 문제가 많다는 것이었습니다. 민중민주주의란 동어반복이라는 겁니다. Democracy 자체가 People's rule, 즉 인민의 지배라는 뜻인데 어째서 그 앞에 people이 필요하냐는 것입니다. 다시 말하자면 people's Democracy라는 것이 마치 people's가 아닌 Democracy가 있는 것과 같은 착각을 주는 것이 잘못이라는 겁니다. 따라서 민주주의라는 것 자체가 인민의 지배, 민중의 지배이기 때문에 그런 맥락으로 다수의 민중 참여가 중요한 것이라고 생각합니다.

청중 사회·경제문제에 있어서 신자유적인 폐해가 많다고 생각합니다. 제가 묻고 싶은 것은 시장 중심적인 신자유주의에 대한 대안은 무엇인가입니다. 지금 증권지수나 물가지수 같은 것도 국내 정치정세 등에 영향을 받는 것보다 오히려 세계정세에 밀접한 영향을 받는 것 같습니다. 무디스니 이런 일개 회사들이 한 나라에 큰 영향을 미치고 있고 거기에 대해서 바짝 긴장을 하는 것 같습니다. 제가 생각하는 개혁은 좋은 개혁이 있고 나쁜 개혁이 있는데 이 신자유주의개혁에 반하면서도 한국이 세계에서 도태되지 않는 방안이 있는 지에 대하여 알고 싶습니다.

손호철 대안이 무엇인지는 참 어려운 문제입니다. 대처의 별명이 뭔지 아십니까? 영어로 마담 TINA입니다. 'There is no alternative.' 즉, 대안이 없다는 것입니다. 누가 신자유주의정책에 대해 비판을 하면 대안이 없다고 대답하기 때문에 생긴 별명입니다. 하지만 제가 얘기하고자 하는 것은 TATA입니다. 'TATA는 There are thousands alternative.'의 약자인데 수천 개의 대안이 있다는 뜻입니다. 물론 그것은 작은 대안들입니다. 하지만 이 작은 대안들이 합쳐져서 큰 대안을 만드는 것이라고 생각합니다. 밑으로부터의 다양한 지구적 저항들을 결합하여 신자유주의와 세계화의 흐름에 대항해야 한다고 생각합니다. 예를 들어 1998년으로 돌아가게 되면 과연 정리해고만이 대안이었을까요? 제가 생각하는 대안은 work sharing, 즉 일자리 나누기 입니다. 노동시간을 줄이고 서로 고통을 분담하며 사회적 연대, 노동연대를 추구할 수 있습니다. 집에 들어와서 아버지 얼굴을 본 적이 얼마나 있으십니까? 그렇게 경제의 노예로 살아온 것이 우리 아버지들입니다. 1인당 GNP가 2만 불인 것이 물론 좋지만 저는 1만 불이면 충분하다고 생각합니다. 덜 잘 살고 덜 일하고 덜 소비하면 되지 않겠습니까? IMF 위기는 어떻게 본다면 우리 문명의 전환을 가져올 수 있는 엄청난 기회였다고 생각합니다. 과거에 12시간 일했다면 10시간 일하고 덜 받고 덜 생산하고 이런 것이 좋은 것 아닙니까? 그런데 그 많은 생태주의자들은 IMF 때 다 어디 갔었습니까? 민노총이 work sharing을 들고 나왔을 때 같이 연대해서 싸워야 되는 거 아닙니까?

이젠 어렵지만 다양한 측면에 다양한 대응을 해야 한다고 생각합니다. 제가 아는 분 중에 동남아시아를 연구하는 교수가 있습니다. 전에 말레이시아에서 국제회의를 했었는데 우리 학계의 대표로 갔고 김대중 대통령이 마침 오셔서 함께 식사를 했었답니다. 말레이시아도 똑같이 IMF위기를 맞았지만 말레이시아는 하나도 안 팔고 나라를 지켰습니다. 지금 우리나라에 달러가 남아 돌아서 짧은 시간 내에 김대중 대통령의 업적으로 극복했다고 하지만 우리나라의 주요 기업의 48%가 외국인 소유입니다. 48%나 팔아서 국고 채우는 것 누가 못 하겠습니까? 그리고 지금은 식민지시대가 아니기 때문에 외국자본이 많이 올수록 좋다라고 말하고 있는데 충격이 아닐 수 없었습니다. "바람직하진 않지만 경제 회생을 위해선 불가피했다."라고 이야기할 수는 없었을까요? 어쨌든 그 교수가 돌아와서 하는 얘기가 4시간을 같이 앉았었는데 1시간 동안 얼마나 IMF를 훌륭하게 넘겼는가에 대하여 이야기하고 나머지 3시간은 왜 자기는 말레이시아 방식으로 하지 못했는 지 변명을 늘어놓았다고 말했습니다. 제가 충격을 받은 것은 김대중 대통령이 자신이 잘했다고 생각하고 있을 줄 알았는데 오히려 잘못되었다는 것을 알고 있다는 점이었습니다.

물론 어려운 상황이었다고 봅니다. 그렇지만 대안들이 있었다고 생각됩니다. 사실은 노무현 정부가 그나마 잘한 것 중 하나는 한전을 해외 매각 안하기로 한 결정입니다. 달러가 남아도는데도 불구하고 김대중 정부는 끝까지 한전을 해외에 매각하려고 했습니다. 저는 이것을 마약이라고 생각합니다. 좀 더 구체적으로 비유하자면 히로뽕과 금단증상입니다. 만약 마약을 먹었는데 이것을 끊으면 금단증상이 오게 될 것입니다. 다시 말해서 우리 시장의 48%를 외국자본이 먹었는데 이제 와서 반시장 반자유주의적 정책을 쓰면 이 자본들이 다 빠져나가게 되고 시장이 요동을 칠 것입니다. 그것이 바로 금단증상인 것입니다. 더 큰 문제는 마리화나에서 히로뽕으로, 히로뽕에서 코카인으로 점점 센 것으로 중독이 심해진다는 것입니다. 외국 자본이 손아귀에 쥐고 있으니깐 더욱 더 친자본적인 정책을 택할 수밖에 없고 그래서 그들의 영향력은 더욱 커지고 결국 더욱 친해외독점자본적인 정책을 취할 수밖에 없는 악순환의 고리가 생기게 된 것입니다. 따라서 저는 우리가 현재 경계선에 서 있다고 생각합니다. 그것은 돌이킬 수 있을 지 없을 지의 경계선입니다. 물론 어렵다고 생각하지만 작은 대안들은 존재합니다.

남미를 두 번 다녀왔었는데 쭉 돌아보는 과정에서 저는 큰 충격을 받았습니다. 세계화를 그다지 실감할 수 없었기 때문입니다. 구체적으로 남미에서 느낀 것은 중국입니다. 룰라가 비록 민중들을 배반했지만 브라질이나 아르헨티나는 현재 중국 덕분으로 경기가 아주 좋습니다. 저는 새로운 종속을 이야기합니다만 어쨌든 이러한 중국의 산업 발달에 따른 식량, 원자재, 철강 등의 수요는 과거에는 미국이라는 시장밖에 없었던 남미에게 새로운 출구가 되었습니다. 그런데 그 많은 것들을 실어오기 위해서는 파나마 운하를 통과하거나, 마젤란 해협을 돌아오는 방법을 선택해야 합니다. 그래서 중국은 자신들이 자금을 제공하여 브라질에서부터 칠레, 안데스 산맥으로 이어지는 판아마존철도와 고속도로까지 만들어주겠다고 제안했습니다. 결국 세계전쟁은 이미 시작된 것입니다.

 그 다음 중요한 것은 남미는 이제 친미로부터 멀어지고 있다는 사실입니다. 지금까지는 미국시장의 영향 아래에 종속되어 있었지만 중국이라는 대안이 생겼기 때문에 미국 말을 듣지 않기 시작한 것입니다. 그것을 분명하게 보여주는 예는 가장 친미였던 칠레가 미국이 이라크 파병을 하라고 했는데 몇 달을 안 하고 버티는 것입니다. 다시 말하면 미국 사회이든 신자유주의이든지 간에 무소불위 세계체제처럼 보이는 것도 잘 연구해보면 반드시 균열이 있고 틈새가 있게 마련입니다. 우리는 그것을 부단히 치고 부수기 위하여 노력해야 합니다. 그것이 바로 반세계화 투쟁인 것입니다.

청중 신자유주의 핵심세력들은 아직도 끊임없이 생산력을 더 강화해야 한다고 주장하고 있는데 그렇다면 그들에게 어떻게 대응해야만 하겠습니까?

손호철 아까 얘기한 것과 연관되어 있다고 생각되는데 신자유주의의 뿌리에 있는 것은 생산력주의, 사회적 다원주의일 것입니다. 역사는 진보한다는 말이 있습니다. 그런 의미에서 본다면 일자리 나누기가 대안일 것입니다. 가치관의 투쟁과 같은 가장 근본적인 투쟁으로부터 다양한 경제적인 투쟁, 정치적인 투쟁 등 다양한 수준에서의 투쟁이 있어야 한다고 생각을 합니다.

 비정규직 문제를 심각하게 지적하고 고용불안을 이야기하지만 일본에서는 비정규직을 미화시키는 용어로 소위 일할 때만 일하고, 놀다가 생계비가 떨어지면 다시 일하는 프리터족을 자본주의적 근로의 문화로부터 벗어난 대안적 문화로 보는 그런 흐름이 있습니다. 남미를 다녀와 제가 라틴적 삶을 배우자고 얘기했는데 이에 대해 생각해봅니다. 우린 작업인만 있지 유희인이 없습니다. 남미사람들은 월급 주고나면 일주일은 안 나옵니다. 돈이 떨어져야 나타나는 점은 배워야 하는 측면이 있는 것입니다. 이런 비정규직화가 오히려 자본주의적 문화를 깨는 그런 대안적 문화가 될 수 있지 않을까라는 생각마저 드니 상당히 혼란스럽습니다. (웃음)

어쨌든 자본주의는 기본적으로 내재적인 모순에 의해 주기적으로 과잉생산과 과잉축적을 만들어내는 경향이 있습니다. 특히 현재 세계 자본주의는 70년대 이후 지속되는 구조적 위기 속에서 자본의 과잉축적이 누적됨으로써 엄청난 규모의 화폐자본들이 수익성 있는 투자처를 찾지 못한 채 투기성 금융자본화하여 세계 자본경제를 교란하고 있습니다. 즉 과거와 달리 이제 자본은 공장을 가지고 생산을 하는 산업자본이 그 지배적인 형태가 아니라 화폐조차도 필요없는 전자 결제의 투기성 자본이 지배하는 투기왕국이 되고 말았습니다. 이를 한 연구자는 '금융자본의 최종 승리' 라고 표현하였지만 최소한의 금융자본은 산업자본과 결합되어 있다는 점에서 '금융자본의 승리'가 아니라 '화폐자본, 투기자본의 승리'라고 해야 할 것입니다. 그러나 이같은 '금융자본의 승리'는 자본주의의 특정한 단계가 아니라 역사적으로 자본주의 초기부터 주기적으로 나타나는 현상입니다. 아리기는 브로델의 표현을 빌려, 금융자본의 팽창은 자본주의의 특정한 축적 주기가 쇠락을 향한 '가을'에 이르렀다는 증거라고 지적하고 있습니다.

왜 투기자본이 나오는지 예를 들어보도록 하겠습니다. 만약 우리나라에 필요한 자동차의 수가 연간 200만 대인데 다른 자동차회사까지 생겨서 만들 수 있는 차가 400만 대라고 가정해보겠습니다. 더 이상 투자할 곳이 없는 것입니다. 따라서 그 남는 자본이 투기자본화되는 것입니다. 문제는 자본주의 체제가 무너지려고 할 때 투기자본이 나오는 것입니다. 네덜란드나 영국이 쇠락할 때에도 투기자본이 나왔습니다. 미국이 클린턴 시절 한때 신경제니 해서 IT산업으로 다시 한 번 잘 나가나 싶었지만 좋은 시절은 죽기 전에 잠깐 반짝하는 황혼의 몸부림 같은 것이고 지금 투기자본이 설치는 것은 미국헤게모니의 체제가 무너지고 있다는 증거입니다. 아까 얘기한 것처럼 자본주의가 있는 한 과잉생산, 과잉투자의 문제는 영원히 존재할 수밖에 없습니다. 하지만 사회를 움직이는 작동원리가 근본적으로 이윤중심이 아닌 것을 인식해야 됩니다. 경제가 사회를 지배하는 것이 아니라 사회가 경제를 지배할 때 문제가 해결될 수 있다고 생각됩니다.

청중 진보학자였던 사람들이 노선을 바꾸는 경우가 많이 있습니다. 선생님께서는 지식인의 정치참여를 어떻게 생각하시는지 궁금합니다. 또 선생님께서는 정치활동을 어떻게 하고 계신지 알고 싶습니다.

손호철 저는 이미 정치에 참여하고 있습니다. 정치라고 하는 것을 너무 좁게 생각해서 공직에 나가는 것만 정치라고 생각하는데 투표도 사실 정치행위입니다. 지금은 별 볼일 없지만 한총련 회장은 당대 한국 정치의 중요한 변수였습니다. 저는 민교협의장 등 사회적 실천을 통해 그리고 여러 글을 통해 이미 정치를 하고 있습니다. 그리고 제 정치적 영향력은 웬만한 초선 의원보다 크다고들 이야기합니다. (웃음)

민교협에도 관계했고 진보적이었던 한 교수 출신 노동부장관을 개인적으로 잘 아는데 비정규직 문제 때문에 비정규직 대표와 함께 학계 대표로 만난 적이 있었습니다. 저는 그때 당신이 대통령에게 잘 보여 장관을 오래 하고 싶어서가 아니라면 이같이 문제가 많은 법안 통과에 앞장서지 말라고 이야기했습니다. 어쨌든 그 사람이 과거에는 진보적이었는지 모르지만 사실 한국의 진보학계는 90년대 중반 이후에 상당 부분 분화가 되었고 또 그 사람도 장관 들어가기 전에 아마 신자유주의적 입장으로 변해 있었다는 생각이 듭니다.

브라질에 가서 굉장히 유명한 지식인을 만났는데 룰라를 비판적으로 얘기하면서 마지막으로 얘기하는 것이 "세상에 좌파 정부란 없다."란 것이었습니다. 즉, 집권을 하면 이미 좌파가 아니고 우파란 것입니다. 진정한 좌파 정부라 해도 집권 이후에는 결국 누가 더 자본의 재생산에 기여하는가를 놓고 우파 정부와 경쟁해야 되는 이런 구조 속에서 좌파란 것은 아무 의미가 없는 겁니다. 결국 개인이나 세력이나 정부에 들어가 무엇을 한다든가, 집권을 해서 무엇을 한다는 생각을 버려야 한다고 생각합니다. 오히려 밖에서 더 많은 것을 할 수도 있다고 생각합니다.

우리시대 희망을 찾는 7인의 발언록

김삼웅
통일은 갑자기 다가올 수 있다

지금 중국은 전통적인 중국 영토라 할 수 있는 땅을
거의 다 장악했습니다.
심지어 멀리 티벳, 위구르, 외몽골까지 장악했습니다.
중국 입장에서는 지금 한민족은 대단한 골칫거리입니다.
과거 자기 나라에 조공을 보냈던 세력은 거의 다 패망을 했는데
한민족은 지금 비록 분단은 되어 있지만 군사력, 경제력 등이 만만치가 않습니다.
중국의 국가기관에서 2002년부터 2007년까지
5년 동안 우리 돈으로 약 2조원의 돈을 들여
동북공정 프로젝트를 진행하고 있는 가장 핵심적인 이유는
북한이 동요되었을 경우에
북한을 자기 영토에 편입시키기 위한 것이라고 생각합니다.

오늘은 여러분과 동북아 정세와 민족정신이라는 주제로 이야기를 나눌까 합니다. 을사늑약이 맺어진 지 100년이 지났습니다. 그리고 경술국치 100주년이 다가옵니다. 을사늑약이 맺어진 그 당시의 상황과 지금 우리가 겪고 있는 상황은 유사한 점이 적지 않습니다. 특히, 한반도를 둘러싼 주변 정세와 우리가 처해 있는 상황이 그렇습니다.

우선, 그 점에 대해서 자세히 알아보기에 앞서 우리나라의 과거와 현재의 상황에 대해 간단히 말씀드리겠습니다. 지난 100년 동안 우리 사회는 많은 변화를 겪었습니다. 60여 년 전 해방 당시 우리나라의 GNP는 대략 70달러에 불과하여 아시아뿐 아니라 세계에서도 가장 빈곤한 국가 중 하나였습니다. 하지만 우리 국민들은 이를 극복하여, 이제는 세계 11위의 경제대국으로 성장하였습니다. 또한 일제에 의해 강탈당했던 국권을 되찾았고, 우리 국민들은 4.19 민주 혁명, 6월 민중 항쟁, 선거 혁명을 통해서 아시아에서는 최초로 수평적인 정권 교체를 이룩하였습니다.

그 동안 흔히 말하는 조용한 아침의 나라, 은둔의 나라였던 우리나라는 연인원 1000만 명이 비즈니스, 유학, 관광, 스포츠 행사 등으로 해외를 다녀올 정도로 세계화의 중심권에 서 있는 나라가 되었습니다. 군사력은 또 어떻습니까? 군사력이 약해서 일본군 2개 사단 정도의 군대에 무기력했던 우리나라가 지금은 60만 대군에 세계 10위권의 군사대국으로 성장했습니다. 월드컵을 비롯해 올림픽 등에서도 우리나라는 스포츠 강국으로서 그 이름을 드높이고 있습니다.

특히 IT 분야는 세계가 주목할 만한 성과를 이루어내고 있습니다. 뿐만 아니라, 우리나라의 예술 분야에서도 한류열풍이 동아시아를 넘어 세계로 퍼지고 있습니다. 그리하여 한국의 드라마를 세계 어디에서라도 볼 수 있게 되었습니다. 일본에서는 국영방송에서 배용준의 겨울연가를 세 차례나 방영할 정도로 대단한 열풍을 끌어내고 있습니다.

한반도를 둘러싼 주변 정세

불과 60년 남짓한 동안에 우리 민족이 이루어낸 성과는 대단한 것입니다. 그럼에도 불구하고 우리를 둘러싸고 있는 국제 정세 특히 동북아 정세, 그 중에서도 우리가 발 딛고 있는 한반도의 주변 정세는 북한의 핵을 둘러싸고 대단히 불안정한 상황이 지속되고 있습니다. 다행히 2000년 6.15선언을 통해서 그 동안 반세기 동안의 냉전과 증오로 얼룩져 있던 남북관계가 상당 부분 풀린 것도 사실이고, 화해와 협력의 방향으로 나아가고 있는 것도 사실입니다. 하지만, 한반도를 둘러싼 이해관계가 겹쳐 있는 주변 강국들은 어떠한 수단을 써서라도 한반도문제에 대해 자국의 이익을 최대한으로 끌어올리고, 자국의 영향권에 두기 위해 여러 가지 보이지 않는 역학관계를 보이고 있습니다.

100년 전 외세에 의해 우리의 주권과 영토를 빼앗긴 을사늑약으로부터, 우리는 일찍이 세계 어떤 인류도 겪어보지 못했던 변화의 역류 속에서 살아왔습니다. 을사늑약으로 우리는 외교권을 박탈당했습니다. 한 나라가 외교권이 박탈당했다는 것은 국제적으로 고립된다는 것을 의미합니다. 우리 국민은 노예가 되고 우리의 국토는 감옥으로 전락했습니다. 우리 민족은 일제로부터 세계 식민 역사상 가장 악랄한 식민지 통치를 경험하게 됩니다. 한 가지 예를 들어보겠습니다. 나치 독일이 유태인 600만 명을 학살했는데, 1876년 강화조약부터 해방까지 70년 동안 일제는 의병, 광부, 일본군위안부, 학병, 독립운동가에 대한 학살 등으로 우리 민족을 800만에서 850만 명이나 희생시켰습니다.

또한 우리는 일제 식민지 체제가 지나고 독립 후 자주 독립 국가를 세우지 못하고 3년 동안 미군정을 겪습니다. 그 과정에서 분단과 6.25전쟁을 겪으며 그 기간을 전후하여 공산주의를 겪어본 사람들 또한 적지 않습니다. 이승만의 12년 독재정치, 4.19혁명, 박정희 군부독재의 18년…. 그 이후의 일들은 더 이상 설명이 불필요할 것입니다. 이에 더하여 경제 식민지인 IMF, 수평적 정권 교체…. 이런 정도의 경험을, 이런 정도의 고난을 겪어 본 민족은 지구상에서 우리나라밖에 없을 것입니다. 하지만 이러한 고난 속에서도 앞서 설명한 대로 우리 민족은 대단한 성취를 이루어냈습니다.

이 같은 민족적인 성취를 이루어낼 수 있었던 동기는 무엇일까요? 그리고 현재 우리를 둘러싼 주변 정세는 어떠한 상태이며 이것을 극복하기 위해서 우리는 무엇을 해야 할까요? 우리는 지식인으로서 이러한 문제를 심각하게 고민해야 할 것입니다.

우리 한반도를 둘러싼 열강들의 침략은 어제 오늘의 일이 아닙니다. 고구려가 멸망한 이후로 계속적으로 겪은 수난이었습니다. 그러나 우리 민족을 침략했던 북방세력은 거의 다 몰락하고 중화민족만이 남아 있습니다. 이러한 위협을 겪고도 민주화와 경제대국으로 성장하였다는 것이 새삼 대단하게 느껴집니다. 미국이 100층이 넘는 엠파이어스테이트 빌딩을 지을 당시에 대원군이 경복궁을 재건할 정도였던 우리나라가, 지금 생각해보면 당시가 참 한심스러울 수도 있겠지만, 주변의 세계적인 강대국을 상대로 우리의 영토를 지켰습니다. 그리고 일본처럼 지진이 일어나지도 동남아처럼 해일이 일어나지도 않는 천혜의 아름다운 국토를 물려주신 우리 조상들을 생각해보면 대단히 존경스럽기까지 합니다.

현재 우리 주변 정세를 살펴보면 100년 전 상황에 못지 않게 악화될 가능성도 적지 않습니다. 미국 예일대학 마이클 오슬린 교수는 현재 동북아시아의 상황에 대해 태풍 직전이라는 표현을 썼습니다. 태풍 직전이라 표현할 수 있는 거대한 변화의 움직임이 지금 우리 주변 정세이고 그 진원지는 중국입니다. 지금 동북아시아 태풍의 핵은 중국입니다. 미국의 어떤 학자가 '코끼리 목장이론'이란 것을 제시했습니다. 내용인 즉 코끼리가 새끼일 때는 목장에 아무 피해가 없지만 성장한 후의 코끼리는 목장을 파괴할 수 있다는 것입니다. 비유하자면 중국이 바로 그런 코끼리라는 것입니다.

중국은 역사적으로 중앙집권 체제를 성공하고 통일을 이룩하면 반드시 밖으로 눈을 돌렸습니다. 과거 당나라, 수나라의 경우 뿐 아니라 6.25 전쟁 직전에 중국공산당이 중원 통일을 이룩한 뒤 얼마 되지 않은 후에 바로 북한을 지원한 것 등이 그 예입니다.

지금 중국은 전통적인 중국 영토라 할 수 있는 땅을 거의 다 장악했습니다. 심지어 멀리 티벳, 위구르, 외몽골까지 장악했습니다. 중국 입장에서는 지금 한민족은 대단한 골칫거리입니다. 과거에 자기 나라에 조공을 보냈던 세력은 거의 다 패망을 했는데 한민족은 지금 비록 분단은 되어 있지만 군사력, 경제력 등이 만만치 않습니다. 중국의 국가기관에서 2002년부터 2007년까지 5년 동안 우리 돈으로 약 2조원의 돈을 들여 동북공정 프로젝트를 진행한 가장 핵심적인 이유는 북한이 동요되었을 경우에 북한을 자기 영토에 편입시키기 위한 것이라고 생각합니다.

중국은 얼마 전 백두산 국경 주변에 3개 사단병력을 파견하였습니다. 그 전에는 중국의 경찰병력인 국경수비대가 있었는데 지금은 군인병력으로 바꾸었습니다. 이는 북한이 붕괴되었을 때를 대비하기 위한 조치라고 합니다. 흔히 북한을 당연히 우리의 영토라고 여기는데 실상 지금 북한은 독립 국가입니다.

북한은 주권 국가이고 북한은 유엔에 가입되어 있고 현재 60여 개 국가가 북한과 수교를 하고 있습니다. 만약에 북한이 붕괴되었을 경우를 생각하고 대비해야 합니다. 지금 북한은 경제적, 정치적, 군사적, 외교적으로 고립되어 있습니다. 이렇듯 국가 운영이 극도로 어려운 상황에서 지금까지 북한이 버틸 수 있었던 이유가 중국의 지원 때문입니다. 중국이 북한에 식량과 원유, 정보 등 여러 가지를 제공해주었기 때문입니다.

만약에 북한이 붕괴된다고 한다면 과연 북한사람들이 어느 쪽을 택하겠는가를 고민해봐야 할 것입니다. 북한이 붕괴되면 대한민국의 흡수통일 또는 연방제, 아니면 미국이 점령해서 미군정체제 등의 가능성이 있지만 현재 북한에 대해 여러 도움을 주고 있는 중국을 선택할 가능성 또한 생각해봐야 합니다. 이것은 대단히 심각한 문제입니다. 이러한 것을 노리고 중국이 2조원이라는 막대한 돈을 들여 고조선, 고구려, 발해가 중국의 지방 국가였고, 따라서 과거로부터 중국은 북한에 대한 연고권이 있다는 따위의 주장을 합리화시키고 현실화시키려는 것입니다. 그러므로 우리는 동북공정 프로젝트가 과거 역사가 아니라 미래를 위한 정치공작이라는 것을 알아야 합니다.

일본이 왜 교과서를 바꾸면서까지 줄기차게 역사 왜곡을 할까요? 그것들은 최근의 일이 아닌 메이지유신 때부터 시작한 것입니다. 지금 역사박물관에서는 일본이 메이지유신부터 최근까지 100여 종에 가까운 역사 왜곡의 사례를 전시하고 있습니다. 지금 우리는 어느 날 느닷없이 일본이 역사 왜곡을 하는 것으로 생각하지만 일본이 역사 왜곡을 한 것은 어제 오늘의 일이 아닌 것입니다. 일본은 중앙집권화를 이루면 끊임없이 조선의 남쪽은 일본이 지배하였고 북쪽은 중국이 지배하였다는 '임나일본부' 설을 주장하면서 우리나라를 침략하였고 지금도 그러한 생각을 버리지 못하고 있는 것입니다. 저들은 과거부터 미래까지 틈만 나면 우리

나라를 집어삼키겠다는 야욕을 가지고 있는 것입니다. 이러한 야욕이 또다시 이지스함으로, 탱크로, 비행기로, 최첨단 무기로 우리를 위협하고 있습니다.

그렇지만 '미국이 있지 않은가?' 하는 안일한 생각을 하는 사람도 있고 미국이 우리를 지켜줄 것이라 생각하는 사람도 있습니다. 이것은 아주 위험한 생각입니다. 1905년 일본이 을사늑약을 우리에게 강요하기 얼마 전에 미국의 태프트 국무장관과 일본의 카스라 외무장관이 비밀리에 조선은 일본이 점령하고 필리핀은 미국이 점령한다는 밀약을 했습니다. 그 전에 일본은 청·일 전쟁과 러·일 전쟁으로 북방세력을 꺾은 후에 해양세력인 영국과 미국을 동원해서 그러한 외교적인 장치를 마련했고, 영국과 미국의 묵인 하에 일본은 우리나라를 지배했습니다.

그리고 미국은 우리나라 임시 정부가 중원을 떠돌면서도 지속적으로 제기한 정부 승인 요구에도 불구하고 끝내 승인하지 않았습니다. 얄타회담, 포츠담회담을 통해서 우리의 독립을 의논하는 과정에서, 미국이 끝까지 임시 정부를 인정하지 않았던 이유는 영국의 영향이 컸습니다. 영국은 그 당시 인도를 비롯하여 아시아에 식민지가 많이 있었는데, 만약에 대한민국 임시 정부를 승인하였을 경우에 자신들의 식민지에서도 독립 운동이 일어나고 임시 정부를 인정해달라는 요구가 있을 것을 걱정해 적극적으로 미국을 압박했고 그 결과 미국은 끝까지 인정을 하지 않게 된 것입니다.

역사란 것이 역설적이고도 재미있는 것은 이런 미국이 원자폭탄으로 일본을 항복시키면서 우리나라에게 해방을 가져왔고 6 · 25전쟁에서 우리를 지원하여 고마운 혈맹이 되었다는 점입니다. 하지만 과거의 역사적 사실에서 용납할 수 없는 부분 또한 엄연히 존재합니다. 1951년 샌프란시스코 강화조약을 맺을 당시에 당연히 우리의 대표가 참석하여서 일본의 배상을 받고 항복을 받았어야 했는데, 일본의 로비를 받은 미국은 한국의 참석을 허락하지 않았습니다. 지금 일본이 도발하는 독도문제는 그때 당시 독도를 우리 영토로 인정하지 않았던 샌프란시스코 강화조약에 기인한 바가 큽니다.

우리는 미국이 과연 유사시에 우리의 편이 되어서 우리의 영토를 지켜줄 것인지, 북한이 붕괴될 경우에 북한이 전통적인 우리의 영토이기 때문에 북한을 우리의 영토로 인정할 수 있을 것인지에 대해 심각하게 연구해야 합니다. 국제관계는 영원한 동지도 영원한 적도 없기 때문입니다. 국제관계에는 오로지 영원한 국가 이익만 있을 뿐입니다. 미국은 일정한 상황에서 어떠한 것이 자국에 이익인지를 따져볼 것이 자명합니다. 결국 자기 나라를 지키는 것은 국력이고, 우방관계는 종족변수가 될 수밖에 없는 것입니다. 이것은 어느 나라나 마찬가지입니다.

지식인이라면 최악의 경우에 우리의 안보문제가 크게 흔들리고 한민족의 운명이 어떠할지에 대한 부분도 생각을 해야 합니다. 미국 전체 보유량의 1/3이나 되는 스텔스전폭기가 한국에 해마다 순환 배치되고 있다고 들었습니다. 걸프전에서 크게 활용되었고 군사전략의 핵심인 스텔스전폭기가 배치된 것만으로도 북한은 불안감을 느끼고 있습니다. 미국의 스텔스전폭기가 남한에 배치되는 배경을 유추해보면, 북한을 협상테이블로 끌어들이기 위한 위협적인 조치일 가능성을 생각해볼 수 있고, 또한 북한이 붕괴되었을 경우에 신속하게 중국보다 먼저 북한의 시설들을 점령하기 위한 전략적인 배치일 수도 있을 것입니다.

미국과 중국의 빅딜

몇 해 전 폴 케네디 예일대 국제정치학 교수는 대단히 우려스러운 문제를 제기하였습니다. 체첸사태에 있어서 미국과 러시아의 빅딜설이 그것입니다. 실제로 러시아는 우크라이나에서 퇴거할 테니 체첸사태를 묵인해 달라고 미국에 요청하였고, 그 뒤 러시아는 우크라이나에서 퇴거했으며 미국은 체첸사태를 묵인했습니다. 또한 주목해봐야 할 보도가 있었는데 미국과 일본은 대만의 유사시에 공동 대응을 한다는 것이었습니다. 현재 대만은 독립 국가라 주장하고 있고 중국은 자신의 일부라 주장하고 있습니다.

중국은 대만에 대해 반국가분열법을 제정하였습니다. 그 내용은 만약에 대만이 독립을 선언했을 경우 반국가분열법을 적용하여 선전포고를 하지 않고 전쟁을 하겠다는 것입니다. 미국과 일본이 공동으로 대응하겠다고 선언한 지금의 상황에서 만약 대만에서 사태가 발생했을 경우를 가정해보자는 것입니다. 만약에 대만에서 미국하고 중국하고 전쟁이 벌어졌을 경우 주한미군이 대만으로 이동할 수도 있습니다.

한국하고 미국은 한미방위조약에 의해서 한국이 공격을 받았을 경우 미군이 자동으로 개입하게 되어 있고, 만약 대만에서 미국과 중국 사이에 분쟁이 일어났을 경우에도 한국군은 자동적으로 대만 지역에 파병하게 될 것입니다. 중국을 적대 국가로 상정하게 됩니다. 이런 경우와 함께, 북한이 붕괴되거나 변화가 생겼을 경우에 폴 케네디 교수가 제기한 우크라이나와 체첸의 경우와 연계해서 생각해봐야 합니다. 대만과 북한에서 동시적으로 사태가 발생하였을 경우 중국과 미국이 빅딜을 할 가능성이 있을지 모른다는 것입니다.

지금 국민들은 50여 년간의 휴전 기간으로 현재를 평화의 시대로 인식하고 있습니다. 국제정치역학상 대만과 북한을 두고 중국과 미국의 빅딜이 이루어졌을 경우 우리의 운명은 어찌되는 것인가를 또 생각해봐야 합니다. 그러한 상황이라면 북한은 미국의 속국이 되는 것일까요? 중국의 속국이 되는 것일까요?

프리처드 전 대북담당 미국특사는 북한에 군부쿠데타나 인민봉기, 식량난, 천재지변이 발생할 경우 중국에 흡수될 가능성이 제일 크다고 분석하였습니다. 이런 분석은 동북공정 프로젝트와 우리에게 시사하는 바가 매우 크다고 하겠습니다.

지금 중국을 흔히 사회주의적 시장경제라고 합니다. 시장경제와 사회주의는 서로의 차이가 분명히 존재하지만 이러한 속에서 중국은 시장경제를 내세우며 경제를 고도성장시키고 있습니다. 중국은 앞서 말한 거대한 코끼리 집단이 된 것입니다. 현재 중국은 사회주의체제라기 보다는 국가자본주의체제로 발전하고 있다고 봐야 할 것입니다. 현재 중국은 철강, TV 부문에서 세계 생산 1위, 자동차 생산 5위이고 앞으로 중국의 산업은 가공할 정도로 발전할 것입니다. 또한 이미 핵폭탄을 제조하고 유인우주선을 발사한 바 있습니다. 거기에 더해 군사비 또한 무서운 속도로 증액되고 있습니다. 많은 학자들이 2020년을 세계 변화의 큰 기점으로 삼고 있고 그때쯤이면 중국의 군사력이 미국과 대등해질 것이라고 예상합니다.

중국이 유엔 상임이사국이 되어서 국제문제에 거부권을 행사하고 있고 WTO에 가입하여 세계 인구의 70%가 넘는 개발도상국가들의 맹주 역할을 하고 있습니다. 소련이 해체되기 전까지는 미국과 소련이 후진국과 개발도상국을 서로 자국의 영향력 안에 두기 위해 원조를 했지만 미국이 유일의 패권 국가가 되면서부터 미국의 콧대가 높아졌고 자기 입맛대로 세계를 조정하려고 하고 있습니다. 이러한 틈바구니를 중국이 끼어들고 있는 것입니다.

미 국방부는 중국을 떠오르는 라이벌이라 표현했습니다. 클린턴 정부까지만 해도 전략적 동반자라 공개적으로 표현했지만 부시 정부에 들어서 전략적인 경쟁자에서 떠오르는 라이벌로 규정을 했습니다. 2004년 미 국방백서에는 중국 위협론을 제기하며, 당시 미국의 국방백서의 1/3이 넘는 양이 중국의 위협에 대한 대처 분석 방안으로 채워졌습니다.

일본의 핵무장

미국이 전범 국가인 일본을 감싸고, 일본의 국회의원 87%가 헌법 개정을 지지하고 있습니다. 이 헌법 개정은 소위 평화헌법을 개정하여, 전수방위라 하여 외국의 공격이 왔을 시에 방어만 하고 공격이 불가능한 지금의 군사체제를 능동적 군사력으로 증강시키겠다는 뜻입니다. 일본 수상이 공공연하게 신사참배를 하고 일본 정치인들 87%가 헌법을 바꾸겠다고 해도 미국이 묵인하는 것은 일본을 키워서 중국의 비대화를 견제하겠다는 전략 때문입니다. 그러나 미국이 대단히 착각하고 있는 부분이 있습니다. 을사늑약을 통해서 일본이 우리를 침략했을 때 미국이 일본을 지지하였고 또 일본이 1870년대에 메이지유신에 성공했을 때 미국과 영국이 일본을 지지했습니다. 또, 청·일 전쟁과 러·일 전쟁 때도 일본을 지지했습니다. 그렇게 일본을 지지해줬는데 결과가 어땠습니까? 태평양 전쟁 당시 일본은 미국의 진주만을 공격했습니다. 미국은 과거에 일본이 했던 행동을 잊고 있는 것입니다.

몇 해 전 조어도 해상에서 중국의 시민단체들과 일본자위대의 충돌이 있었습니다. 일본은 현재 북방 4도에서는 러시아와, 베트남·중국·대만과는 남사열도, 우리나라와는 독도 분쟁 등을 빚고 있습니다. 그런데 일본은 각각의 분쟁 지역에 자국의 실익을 따져 다른 방법으로 접근하고 있습니다. 일본은 자신들의 국익에 따라서 일본인 재판관이 한 명이 있는 국제재판소로 소송을 제기하려고 할 것입니다. 재판이라는 것이 항상

정의의 손을 들어주는 것이 아니라는 점을 악용하고 있습니다.

　이제 일본에 대해서 본격적으로 얘기해볼까 합니다. 물론 일본에서도 양심적인 인사들이 있습니다. 노벨문학상 수상자인 오에 겐자부로 씨는 이런 얘기를 했습니다. 일본은 핵무기를 제조해 미사일에 탑재할 수 있는 기술을 보유하고 있고, 2000개 이상의 핵무기를 제조할 수 있는 플루토늄을 보유하고 있다는 것입니다. 북한의 핵은 민족 공멸의 재앙이 될 것이라 마땅히 폐기되어야 한다고 생각합니다만, 북한의 핵에 대해서는 대단히 민감한 반응을 보이면서 일본 핵에 대해서 우리 사회는 왜 이리 둔감한 것인가 하는 의문이 있습니다. 우리는 일본의 핵에 대해서도 관심을 가져야 할 것입니다. 그 동안 일본은 고속증식의 플라토늄 생산을 못하도록 법으로 막았는데 최근 일본 최고재판소에서 이것을 생산가능하게 하는 판결을 했습니다. 하지만 무슨 일인지 우리나라의 신문들은 조용했습니다. 일본이 이러한 플라토늄을 생산할 수 있다는 것은, 북한의 핵에 대해서는 일본 신문들이 일본의 민족주의 감정을 건드리며 과장해서 보도하는 한편으로, 한 단계 한 단계 군사력을 키우고 있다는 것을 증명합니다.

　일본은 이렇게 군사력을 키우면서 이제는 유엔안전보장이사회 상임이사국이 되겠다고 합니다. 이것은 어찌 보면 우리나라의 운명을 일본의 손에 넘겨주는 것과 진배없습니다. 을사늑약과 비슷한 사태가 다시 올 수도 있다는 위기감을 가져야 합니다. 일본은 아프리카·동남아시아·서남아시아 국가들에 엄청난 원조를 제공하면서 유엔총회의 표를 키워

가고 있습니다. 이런 상황이 우리 눈 앞에서 벌어지고 있는 것입니다.

조금 지난 통계입니다만 한국을 포함한 5개국의 국방예산을 살펴보면 미국은 3750억 불, 한국은 158억 불, 북한은 79억 불 수준입니다. 그런데 79억불의 국방비를 쓰는 북한에 대한 미국의 엄살에 가까운 완강한 태도는 미국의 군수산업과 연관성이 깊다고 합니다. 미국은 어디서든지 전쟁을 하지 않으면 방위산업과 더 크게는 미국 경제에 부정적 영향이 있습니다. 미국의 국방예산은 2위에서 40순위의 세계 다른 국가들의 합산과 비슷합니다. 일본은 450억 불, 중국은 아직은 400억 불이지만 연 17~18%의 상승세를 보이고 있습니다. 아직은 우리나라와 북한의 국방비를 합쳐도 일본에 한참 못 미치는 수준입니다. 이러한 국방예산은 팍스 아메리카나의 전형을 보여준다고 할 수 있습니다.

일본의 군사력에 대해서 자세히 알아보자면, 미사일 방어체제를 강화시켰는데 육군이 14만 8천명, 10개 사단, 1개 기갑사단, 2개 보병여단, 전차가 1020량, 장갑차가 980량, 공격용 헬기가 490기, 자주포가 570량, 해군 4만 4천명, 호위함 54척, 이 중 이지스함이 4척입니다. 이지스함은 해상전투의 핵심인데 전투기를 200대 이상 운용 가능하며 가격이 척당 약 1조 원 정도 합니다. 지금 4척을 보유하고 있지만 5척을 더 구입 건조할 예정이라고 합니다. 그 밖에 잠수함이 16척, 대잠초계기가 99기입니다. 공군력은 공군 4만 5천명에 F-15전투기가 202기, F-4전투기 92기, 조기경보기 17기라 하며 조기경보기는 이미 동해상에 10대 정도를 배치해 놓았다고 합니다.

통일은 갑자기 다가올 수 있다

이제 다시 남과 북의 문제로 돌아가 볼까요? 남북 간의 이념전쟁은 끝났다고 생각합니다. 인간의 가장 기본적인 본능은 건강하게 오래 사는 것입니다. 현재 남자의 평균수명이 76세, 여자는 81세입니다. 북한은 63세입니다. 평균 10년 이상을 남한사람들이 더 사는 셈입니다. 남한의 국민들은 북한의 국민들에 비해 겉보기에도 더 건강합니다. 남한 사람들은 웰빙에 관심을 두는 데 비해 북한 사람들은 먹을 것이 모자란다고 합니다.

한 나라가 이데올로기를 떠나서 그 나라의 국민을 먹여살리는 것은 그 나라의 기본이라고 생각합니다. 물론 남한도 빈부격차 등 문제점을 가지고 있지만 평균적인 국민들의 삶에 있어서 이념적으로나 체제경쟁에서 남한이 성공한 것이 아닌가 싶습니다. 그래도 동족으로서 역사와 고난을 함께 하고 이를 극복해온 우리 민족이 우리시대에 나뉘어져서 종족이 달라지는 것은 아닐까, 외세에 의해서 남북이 분리되고 이후에 우리 민족이 남한족과 북한족으로 나뉘는 것이 아닌가 하는 걱정이 생깁니다. 이러한 문제를 이제는 해결해야 한다고 생각합니다.

우리가 흔히 말하는 국제화, 세계화가 대단히 강한 물결로 다가오고 있습니다. 얼마 전 국적법이 국회를 통과한 후에 국적을 바꾸는 사람들이 많아졌습니다. 소수이지만 일부 특수층의 자식들이 국적을 포기하고, 초등학생들의 영어 조기교육 열풍이 일어났습니다. 이러한 조류 속에서 민족의 구심점이 대단히 중요합니다. 우리 한민족은 끊임없는 외세의 위협 속에서도 오히려 독창적인 고유문화로 인해 살아남았다고 생각합니다. 최근에 한민족을 둘러싸고 벌어지는 정세 속에서 우리의 구심력, 역사의식을 잃어버린다면 우리는 어떻게 될 것인가를 깊이 생각해봐야 합니다.

근대의 항일 운동뿐 아니라 920여 차례의 외적의 침략 속에서도 민족국가를 갖게 한 배경이 무엇이겠습니까? 대만의 어느 교수가 이러한 논문을 썼습니다. 천년이 넘도록 민족을 온전하게 보전한 집단은 한민족뿐이고 그 이유는 문화의 우수성이라고 했습니다.

백범 김구 선생이 27년의 망명 생활 후 환국하여 하신 말씀이 우리민족이 가야할 길은 문화민족이 되어야 한다는 것이었습니다. 백범 선생은 또 우리나라는 영토가 좁고 국민이 적고 자원이 부족하여 군사대국이 될 수 없으나 문화민족이 될 가능성은 있다고 하였습니다. 일본에 의해서 그렇게 괴롭힘을 받던 김구 선생이 문화국가론을 제기한 것은 놀라운 혜안이 아닐 수 없습니다. 그 동안 우리 대중문화는 크게 발전하여 배용준, 보아 등을 위시한 한류열풍을 일본에 상륙시켰습니다. 이러한 한류의 열풍은 이제 일본에만 머물러 있지 않고 세계 곳곳으로 퍼지고 있습니다.

구 동독의 마지막 총리였던 메지에르 총리가 인터뷰에서 말한 대목이 생생합니다. 헬무트 콜 서독 수상과 양국 간의 협상을 주도했던 동독의 마지막 수상인데 이런 말을 했습니다. "산부인과 의사는 아이를 받는데 여러 가지를 준비해야 한다. 아이는 예약된 시간에 안 나오는 수가 있다.

어느 순간 갑자기 나올 수도 있는 것이다." 이러한 예를 들면서 한국도 어느 날 갑자기 통일의 날이 올 수도 있다는 말을 하면서 대비를 해야 한다는 것입니다.

어떠한 일이 있어도 우리는 통일 국가를 세워야 합니다. 적어도 이 시대를 사는 지식인들, 젊은이들은 시대정신을 모르고 일탈해선 안 된다고 생각합니다. 지금 탈이념, 국제화, 탈민족주의 등을 이야기하지만, 우리의 키워드, 우리의 시대정신을 먼저 생각해야 되는 것이 아닌가 하는 생각이 듭니다.

여러분들에게 이제는 정착의 농경시대와 산업화시대가 지나고 신유목민(뉴 노마드)의 정신이 필요하다고 말씀드리고 싶습니다. 우리의 시대정신이자 과제는 뉴 노마드 정신으로 새로운 세계를 개척하고, 또 북한 동포들의 어려움을 이해하고, 중국이 넘보는 북녘의 영토와 자원, 문화재 등을 보호해야 하는 것입니다.

결국 이런 일은 깨어 있는 사람만이 할 수 있습니다. 바다에 온갖 오물이 들어가지만 청정을 유지할 수 있는 것은 0.03%의 염분 때문이라고 합니다. 우리의 인체 또한 소수의 백혈구가 적혈구를 견제하며 유지해갑니다. 우리의 역사도 마찬가지입니다. 많은 사람들이 친일을 할 때 소수의 독립운동가들이 중국·만주와 미주·러시아 등에서 활약을 했기에 임시 정부가 있었고 임시 정부가 있었기에 카이로회담에서 우리나라의 독립을 보장받을 수 있었습니다. 또한 군사독재 시절에는 양심적인 학생과 학자와 지식인들이 있었습니다.

저는 여러분들이 냉혹한 국제권력 정치의 현실을 제대로 투시하여 우리 민족이 처한 어려움을 타개하고 민족의 밝은 미래를 개척하는 데 최선을 다해줬으면 합니다.

우리시대 희망을 찾는 7인의 발언록

이이화

천황의 정신을 받드는 황도유학

중요한 것은 해방 이후에
이러한 친일 유림세력들에 대한 평가나 검증이 없었고
친일파로서의 역할에 대한 규명도 안됐고 응징도 없었다는 것입니다.
오히려 지방에서는 이들이 의원도 하고 도지사도 하고 군수도 했습니다.
그런 명단을 제가 일부는 알고 있습니다.
문제는 이것이 오늘날까지도 이어지고 있다는 것입니다.
국회에서 친일파 처벌에 관한 특별법이 상정되었을 때
이에 거세게 반대하고 방해한 자들은
친일파 후손들과 친일유림단체에서 활동했거나 관여한 자들입니다.

현재 한국사를 전공했다든지, 유학사나 특히 근현대사를 전공한 사람들도 '황도유학'에 대해서는 정리가 제대로 안돼 있고, 일반 사람들도 '황도유학'에 대해서는 잘 모르는 것 같습니다. 저는 '황도유학'이라는 주제를 가지고 한국의 근대사와 현대사를 중심으로 문제 제기를 하도록 하겠습니다.

일제시대 때 일제가 천황한테 절을 한다든지, 남산에 신사를 모시고 참배를 요구할 때 어느 종교보다도 천도교의 저항이 거셌습니다. 그리고 초기에는 천주교와 기독교에서도 강하게 거부했습니다. 기독교에서는 우상 숭배를 하지 말라는 교리의 입장에서 반대를 했고, 천도교에서는 민족주의적인 입장에서 반대를 했던 것입니다. 그런데 기묘하게도 우리나라에서 가장 뿌리가 깊은 유림은 반대한 흔적이 별로 없습니다. 물론 일부 유림들이 의병을 일으키기도 했고 해외로 망명을 하기도 했습니다. 그러나 국내에서 조직적인 유림들의 반대가 없었던 것은 그때 친일유림단체가 성균관을 위시해서 전국의 향교들을 자신들의 세력 안에 아우르고 있었기 때문입니다. 말하자면, "절이 싫으면 중이 떠난다."라는 말대로, 양식 있는 유림들은 아예 유림단체에 발을 들여놓지 못하고 떠날 수밖에 없었던 상황이었습니다. 친일유림단체는 총독부의 지원과 감독 아래 마음대로 세력을 과시하며 확장하고 있었습니다.

그런데 중요한 것은 해방 이후에, 이러한 친일유림세력들에 대한 평가나 검증이 없었고 친일파로서의 역할에 대한 규명도 안됐고 응징도 없었다는 것입니다. 오히려 지방에서는 이들이 의원도 하고 도지사도 하고 군수도 했습니다. 그런 명단을 제가 일부는 알고 있습니다. 문제는 이것이 오늘날까지도 이어지고 있다는 것입니다. 국회에서 친일파 처벌에 관한 특별법이 상정되었을 때 이에 거세게 반대하고 방해한 자들은, 친일파 후손들과 친일유림단체에서 활동했거나 관여한 자들입니다. 아직까지도 이들 세력과 그 후손들은 자기 조상들의 친일행적을 반성하기보다는 합리화하고 기득권을 유지하려는 행태를 보이고 있습니다.

이들은 친일파 문제와 관련한 법률 제정을 방해하고 있습니다. 처음 국회에 '일제강점 하 반민족행위 진상규명에 관한 특별법'이 우여곡절 끝에 상정되었을 때 몇몇 언론사는 반대의 논조를 강렬하게 폈습니다. 이로 인해 친일파 관련법은 현재 누더기가 되어 있습니다. 아무튼 이 법에 따라 2005년 5월 친일반민족행위 진상규명위원회를 발족하여 청산작업이 이루어지고 있습니다. 이것은 우리가 과거를 청산함에 있어서 너무나도 미흡했던 문제이면서 중요한 것 중 하나입니다.

오늘 여러분들께 말씀드리고자 하는 것은 유학이 어떤 사상인가라는 철학적인 접근이 아닙니다. 역사학자로써 본 유학의 학파나 계보 형성 과정에서의 문제점을 통해 황도유학이라는 이름으로 일제와 결탁한 친일유림세력들의 행태에 관해 말씀드리려 합니다.

이단론에 치우친 성리학

　우선, 조선시대의 유학에 대해서 먼저 말씀드리도록 하겠습니다. 불교가 삼국시기 이후 조선시대 전까지 국교로써 받들어졌다는 사실을 여러분들은 잘 알고 계실 겁니다. 그런데 고려말기에 성리학이 도입되면서, 이상하게도 학자들이 성리학적 소양과 깊이를 연구하기보다는 소위 '이단론'에 치우쳤습니다. 예를 들면 불교를 이단이라고 하며 정치적으로 결부시키는 양상을 보인 점과 같은 것입니다. 처음으로 '이단론'을 제기한 사람은 정몽주였는데 그때까지만 해도 그리 강력한 정도의 수준은 아니었습니다. 그 뒤 정도전이 '불씨잡변' 등을 통해 강력하게 이단론을 제기하고 불교 탄압을 선도했습니다. 그런데 이러한 '이단론'은 학문적인 비판에서 나온 것이라면 수긍이 가능한 것이겠지만, 그와는 달리 정치적으로 이용되어 불교세력을 몰아내는 데 큰 동력으로 작용했으며 조선전기에 전국의 사찰을 예속시킬 수 있었던 힘이 되었습니다. 조선이 유교철학을 국교로 내세우며 '이단론'을 불교 탄압의 중요한 무기로 써 먹은 것이지요. 이와 함께 불교도들이 가장 잘 모시는 사리를 헐어내고 사찰의 재산을 빼앗고 승려들을 천민 취급하며 수도를 방해하기까지 했습니다. 도교 역시 '이단론'에 의해 조선전기에는 이단으로 치부받았습니다.

　임진왜란 이후에 조선에 양명학이 전래되게 됩니다. 이전의 주자학이 신분 차별적인 요소를 가지고 있다면 양명학은 신분 타파의 논리를 가지고 있습니다. 양명학은 사·농·공·상에 아무런 차별이 없다라는 주장을 폅니다. 한 가지 예를 들자면 양명학은 주자학적 질서 중 하나인 삼강오륜을 인정치 않고, 그 중에서 오직 붕우유신, 벗과의 신의만을 인정합니다. 궁극적으로 양명학이 지향한 바는 민중 속으로 들어가 개혁을 단행하는 것이었습니다. 실제로 명나라에서는 양명학파와 주자학파가 맞서다가 양명학파가 집권을 해서 주자학파를 탄압하는 사례도 있었습니다. 그런데 우리나라에서는 '이단론'에서 만큼은 남인, 서인, 노론, 소론이 서로 구분없이 같은 목표인 주자학을 내세웠습니다.

그러다 조선후기 병자호란 때에 주자학파가 척화파와 주화파로 갈라집니다. 이때 철저한 주자학자들로 이루어진 척화파는 오랑캐에게 항복해서는 안되고 끝까지 싸워야 한다고 주장하고, 주화파는 현실적으로 우리가 힘이 약한 상황이니 화의를 맺는 것이 옳다고 주장합니다.

초반에는 척화파가 우세하였으나 종국에 이르러서는 주화파가 실권을 잡고 화의를 맺는 데 앞장서게 됩니다. 이후 주화파는 유교의 명분론에 어긋났다 하여 주화파의 최명길, 장유, 정제두로 이어지는 양명학파가 엄청난 탄압을 받습니다. 이것이 조선의 주류 유학파들의 모습이었습니다. 여러분이 잘 아시는 허균도 직접적으로 양명학파의 입장에서 글을 쓰진 않았지만, 글 속에 양명학파들이 주장하는 요소들이 들어 있었기 때문에 그 역시 양명좌파로 몰려 탄압을 받았습니다. 정약용이나 허균 같은 사람을 양명좌파라 하고, 강화도로 들어간 사람들을 양명우파라고 합니다. 아무튼 양명좌파는 완전히 없어지다시피 했고, 그나마 강화도로 유배간 양명우파는 다행히 명맥을 유지하여 현재까지 이어지고 있습니다. 저도 역사를 공부하는 사람으로서 옛날 조선시대에 태어났으면 과격한 이야기로 사문난적에 몰려 책은 금서가 되거나 불태워지고 고초를 당했겠구나라고 생각해봅니다. 제가 젊었을 때 박정희정권 때는 글을 쓸 때 굉장히 조심해야 했습니다. 소위 자기 정화를 해서 적정한 수준에서 표현을 바꾸곤 했습니다. 요즘이야 안 잡혀갈 것 같으니까 과감히 글을 쓰고 있지요. 조선시대 주자학파들의 이런 탄압과 같이 박정희시대에는 학자들이 제대로 목소리를 낼 수가 없었는데, 지금은 누구나 자유롭게 말할 수 있고 쓸 수 있는 것을 보면 좋은 세상이 되어가고 있구나 하는 생각이 듭니다.

서양은 금수고 우리는 사람?

불교나 양명학뿐만 아니라 천주교를 탄압하는 데에도 '이단론'의 논리가 사용되었습니다. '위정척사'에서도 볼 수 있듯이 이단보다 더 나쁜 사학이 서학, 즉 천주교라고 하여 19세기 들어와서 서학은 엄청난 시련을 겪습니다. 그러나 19세기 말기에 서양세력의 힘이 세어질 때, 고종은 불교를 공인하는 것보다도 더 빨리 천주교와 개신교를 인정합니다. 그래서 이 시기에는 고종이 커피에 중독되었다는 비화와 같이 서양문화에 완전히 경도된 모습들이 나타났던 것입니다.

조선 중·후기로 넘어오면서 전기와는 다르게 사람들이 여론의 주체로서 당쟁에 휩쓸리게 되었습니다. 중앙의 정치권력의 향배에 따라서 사림들은 서인·남인, 다시 노론·소론·남인으로 분열하게 되는데 그 중 노론이 가장 강력한 다수세력이 되었습니다. 노론은 가장 철저한 주자학파세력이었습니다. 노론은 송시열을 영수로 내세웠는데, 그의 글을 살펴보면 자기 이야기보다는, 말끝마다 '주자 왈, 주자 왈'을 인용할 정도로 철저한 주자학자였습니다. 이런 것을 '조술'이라고 하는데, 공자, 맹자, 주자의 내용과 주장은 하나도 틀린 것이 없으니 그냥 그대로 외우기만 하면 된다는 것이었습니다. 즉, 할아버지祖가 지은 것述을 그대로 계승한다는 것이지요. 이러한 상황에서 주자학의 해석에 대하여 조금이라도 의심을 가지거나 한다면 사문난적斯文亂賊으로 몰았습니다. 이것이 노론계열 성리학자들의 모습이었습니다. 그런데 노론은 이단론을 철저히 정치적으로 이용합니다. 주로 남인계열 등 반대파를 내모는 데 이용합니다. 당시 성균관에서는 누가 주도세력이 되느냐 하는 문제가 굉장히 중요했습니다. 이러한 과정에서 노론이 다수파를 차지해 성균관을 완전히 장악하게 됩니다. 이러한 사실은 몇 백 년 전의 이야기로만 볼 것이 아니라 오늘날에도 볼 수 있다는 점에서 시사하는 바가 큽니다.

　영조와 정조가 당파를 깨는 탕평책을 실시하였지만, 다수세력을 형성한 노론들은 군자와 소인은 다르므로 반드시 구분해야 한다는 군자·소인론의 논리를 끌어내어 당파를 섞을 수 없다 하며 이를 부정합니다. 가령 서자들도 성균관에 들어올 수 있게 되었을 때, 자리를 차별적으로 두자 정조가 이를 시정토록 한 일이 있었습니다. 그러자 유림들이 성균관에서 단체로 시위를 벌여 이를 무산시킵니다. 이것이 옳은 일입니까? 잘못된 것이 있으면 고쳐야 하고, 깰 것이 있으면 깨야 옳지, 소위 명분론으로 적자와 서자가 다르니 같이 앉아 있을 수도 없다는 배타적인 행태는 문제가 아닐 수 없습니다. 또 하늘과 땅이 다르듯 남과 여가 분명해야 하고, 서양은 금수고 우리는 사람이라는 금수론을 주장하는 등 소위 남녀 불평등 문제나 신분차별에 대한 개선책에 반대하는 사람들은 모두 이들입니다. 쉽게 말해 현재 가족법 개정에 대해서 반대했던 사람들도 모두 이들에 뿌리를 두고 있습니다.

이 노론들이 19세기에 들어서 풍양 조씨, 안동 김씨, 연안 이씨 등 소위 10대 양반 집단을 형성합니다. 이 사람들이 나라를 망친 사람들입니다. 19세기에 이 10대 양반 집단들이 벼슬을 독점했으며 그 중에서 특히 풍양 조씨, 안동 김씨, 여흥 민씨가 가장 패악을 저질렀습니다. 이들은 대한제국이 들어서는 그 순간까지도 여론이나 중앙 정치를 좌지우지했습니다.

요즘 여흥 민씨 출신의 민비를 외교의 귀재니 애국자니 하는데 도대체 역사를 바로 알고 하는 이야기인지 모르겠습니다. 홍선대원군이 10년 나라 살림을 몇 년 만에 털어 먹었을 시절, 순종이 남자 구실을 못하는 병에 걸렸습니다. 그런데 민비는 이를 병으로 보지 않고 악귀가 든 것으로 보아 무당들을 데리고 온갖 푸닥거리를 했습니다. 그것도 모자라 금강산 일만이천봉 봉우리마다 쌀가마니를 갖다 바쳤습니다. 이런 사람을 어찌 조선의 국모라 할 수 있겠습니까? 자기 백성들은 굶주려 죽어가고 있으며 나라가 흔들려 언제 외세가 침입할지도 모르는 상황이었는데 말입니다. 우리는 사람의 좋은 점과 나쁜 점을 같이 고려해 평가해야겠지만 근본에서 어긋날 때는 그 평가가 달라져야 합니다.

조선총독부의 어용기관으로 전락한 성균관

이 대목에서 먼저 친일유림의 개념부터 제시해보겠습니다. 이는 바로 이른바 황도유학의 제창입니다. 황도유학은 "의리지학義理之學에 바탕을 둔 조선유학을 천근한 생활윤리로 왜곡시키고 망국지흉亡國之凶으로 비판하며 그 대신 일제통치의 기반이 되었던 황도를 받드는 유학을 받드는 것이다."라고 규정할 수 있습니다. 황도유학이란 용어는 1937년 이후 전시체제 아래에서 본격적으로 등장하였지만 이보다 앞서 교육칙어敎育勅語, 신도神道 등의 논리전개에서 이미 제기되고 전파되었는데 이를 유림들이 아무런 비판없이 수용한 것입니다.

또 친일유림은 1910년 이후 한일합병의 성사와 식민지 지배의 안정에 협조하였으며 식민지 근대화와 일본, 조선, 만주 등 삼국 공영共榮과 내선일체, 동조동근론 등을 협조하고 찬양하여 일제 지배에 기여했으며 유학의 이론을 빌어 심전개발 운동, 국민정신작흥 운동을 능동적으로 벌여 선전활동을 전개하였습니다.

다시 그 배경을 연대기로 거슬러 가보면 이러합니다. 1907년 한국 통감부에 여러분이 잘 아는 이토 히로부미가 통감으로 있을 때에 성균관의 학칙을 제정하여 고등보통교육기관으로 개편을 합니다. 학제까지 바꾸어 사서삼경 유학 이외에도 역사나 산수 등 다른 학문까지 가르치는 교육기관으로 개편을 한 것입니다. 그 이유는 성균관이 조선유학을 주도하고 중앙여론과 지방여론을 형성하고 있었기 때문에 이를 어용화하기 위해서였습니다. 그리고 1911년 조선총독부에서는 경학원규정經學院規程을 제정하여 성균관을 '경학원經學院'으로 개편하여 조선총독부 학무국에 소속시킵니다. 그리고 이름뿐만 아니라 학제에 있어서도 경학원의 구성원에 대제학 1명, 부제학 2명, 조재 5명과 약간의 실무자를 임명하여 완전히 조선총독부의 어용기관으로 전락시킵니다.

성균관은 원래 최고 지위자로써 대사성이 존재한 것이지, 대제학이란 것은 없었습니다. 대제학은 일본이 성균관을 어용기관으로 만들면서 붙인 이름입니다. 개편 당시 경학원은 일본천황이 준 은사금 25만원과 조선총독부의 보조금으로 운영되었습니다. 경학원 규정에는 '경학원 대제학은 조선총독의 지휘감독을 받들어 원무를 총리한다.'고 하고 있으며, 그 설립목적은 '경학을 강구하며 풍교덕화를 비보함.'이라 하였습니다. 이는 곧 경학원을 총독부의 교화기관으로 지정한 것입니다.

이후에도 규정을 여러 번 개정하여, 대제학과 부제학 밑에 사성司成, 직원直員, 강사들을 두었고, 지방에도 13도 강사를 두었습니다. 1913년 경학원 잡지를 창간하고 1930년에는 명륜학원을 경학원 부설로 개교하였습니다. 당시 경학원 잡지의 고문은 일본인이었으며, 명륜학원 또한 대제학이 학감을 겸임하긴 하였으나 초대학감은 일본인으로 임명되었습니다. 이리하여 총독부는 경학원을 통해 친일교육을 고취하고 황도정신의 함양에 열을 올릴 수 있게 된 것입니다.

그런데 전통 사회에서는 특정 문중에서 대제학이 몇 사람이 나오게 되었느냐가 관심이었기에 어용 성균관의 학장이라고 할 수 있는 대제학의 선출에 열을 올렸습니다. 그 중 정만조라는 사람은 완전한 친일파였는데 자신이 동래 정씨로 최초의 대제학이 되었다고 자랑스럽게 떠들고 다녔다고 합니다. 천박한 의식의 소산입니다. 아무리 대제학이 문중의 자랑이었다고 한들 일본의 총독부가 관리하는 경학원의 대제학이 된 것이 그렇게 자랑하고 과시할 일입니까?

또한 경학원은 지방의 향교를 거점으로 하여 경찰의 협조를 받아 지방 유림의 동태를 사찰하고, 황도정신이라는 사상에서 이탈하지 않도록 유림단체를 조직화하는 일을 병행했습니다. 그러므로 경학원과 그 소속의 향교와 각종 부설기관들은 황국신민의 교화와 조선총독부의 통치에 순응하는 사상의 선도에 앞장서게 된 것입니다. 또한 끄나풀이라고 할 수 있는 첩자를 양성하는 감시기관으로 전락하게 된 것입니다.

3.1운동 이후 일본은 문화통치를 표방합니다. 이 정책은 겉으로 보기에는 집회·결사의 자유를 보장하고 신문·잡지 발행을 허가하는 것으로 보이지만 사실은 다릅니다. 전모라는 대통령은 아주 깡패지만 그래도 자기끼리의 의리는 확실해서 자기 부하들에게 돈도 확실히 집어주고 했습니다. 그래서 부하 입장에서는 한 대 맞을 당시에는 기분이 나빠도 맞

고 나서 돈을 집어주고 등을 탁탁 두드려주니 기분이 좀 나아집니다. 그런데 그 뒤 노모라는 대통령은 부하들에게 돈도 주지도 않고 저만 배불리 먹고 겉보기에는 그냥 실없이 살살 웃고 다닙니다. 하나가 깡패 유형이라면, 하나는 사기꾼 유형입니다. 그런데 사실 사기꾼에게 당하면 나중에 보면 더 속상해요. 문화정책이라고 하는 것이 바로 깡패보다 더한 사기꾼의 정책이었습니다. 겉으로는 유화정책을 펴는 듯 보이지만 실상은 분열을 조장하는 정책이었던 것입니다.

 거듭 말하면 일본은 모든 양반, 문중뿐만 아니라 시골의 선비들까지도 흡수해 황국의 첨병으로 이용하려고 유학을 어용화시켰습니다. 그래서 규장각 직제도 여러 번 고치고 경학원 잡지 발간 등을 통해 어용 친일유학자들을 이용했습니다. 또 지방향교를 거점으로 해서 독립 운동이나 의병 활동에 대한 동태를 살피기도 했습니다. 유림을 첩자나 밀정으로 활용한 것이지요. 굉장한 효과를 보았을 것입니다. 거기에는 반드시 반대급부가 있었을 것입니다. 직접적인 상금이 없더라도 자기 자식이 조선총독부 관리가 된다든가 학교 선생이 된다든가 할 때 확실한 신분보장을 해주는 등의 사례가 상당히 많았습니다.

 다음으로 경학원은 세포조직으로 조선유도연합회를 조직합니다. 1935년 평양에서 '전선유림대회'를 개최하고 설립을 추진한 끝에 1939년 경학원 주최로 '전조선 유림대회'를 열고 중앙에 조선유도연합회, 도에는 유도연합회, 각 부군도府郡島에는 유도회를 두었습니다. 마치 이승만 정권 때 지방마다 반공청년단을 둔 것이나 박정희 유신정권 때 새마을 운동단체를 둔 것처럼 지방마다 친일단체를 둔 것입니다. 또한 전시체제로 들어간 1939년에는 경학원 총재에 정무총감을 추대하게 됩니다. 이로서 경학원은 유림의 통일조직의 성격을 띠게 된 것입니다.

성균관에 도포자락 휘날리며 천황요배나 하고

1937년 중일전쟁 이후 전시체제로 개편되면서 1945년까지 아주 어려운 시기가 됩니다. 이때에 친일유림세력들은 천황요배, 신사참배 이외에 군인들 출정식에도 참여하게 되고, 황국신민이 되기 위해서는 지원병으로 나가자고 시를 쓰기도 하고, 전 주민을 통제하기 위해 애국반을 만들기도 합니다. 국기 게양식, 가미가제 등이 그때 다 생긴 겁니다. 박정희 유신시대에 비추면 참으로 이때의 잔재들이 많다는 걸 느낍니다. 박정희 정권 때 국기 하강식을 할 때 제가 가방을 들고 지나가면 주위 학생들이 이상하게 쳐다보았습니다. 빨갱이가 아니면 저럴 수 없다는 거지요. 아니면 국가를 모독하는 행위다라는 식으로 저를 바라보았습니다. 저는 빨갱이도 아니거니와 국가를 모독할 의사가 전혀 없는데도요. 오히려 저는 개인적으로는 평균적인 애국자라고 자부하는 사람입니다. 그때의 군국주의 전통들은 다 일제시대의 잔재였던 겁니다.

물론 일제치하에서 유림들에게 너희는 왜 일제의 통제를 거부하지 못했냐라고 하면 무리일 수 있겠죠. 사실 일부는 상해로 망명한다든가, 만주에서 독립 운동을 한다든가 했거든요. 또 국내에 머물러 있는 동안에는 비록 친일유림단체에서 활동하지 않았다 하더라도 가령 국민의례 같은 것은 다 했기 때문에 이것 한 가지만으로 잘못됐다라고 한다면 실상에 접근하는 데 한계가 있다고 생각합니다. 그러나 과거에 역사적으로는 오랑캐가 쳐들어왔을 때 목숨 걸고 나라를 지킨 그 유림의 후예들이 나라가 어떻게 되든지 간에 자기들의 안위만을 챙기는 모습은 참으로 한심스러운 일이었습니다. 차라리 만주나 해외로 도망을 가던가, 차라리 산속이나 절간으로 도망가거나 했어야지요. 그때 요즘처럼 도로가 좋았습니까, 자동차가 많았습니까, 헬기가 떠 다녔습니까? 산속으로 도망가면 일본경찰들도 못 찾아요. 차라리 그렇게 할 수 있었습니다. 왜 성균관에 도포자락 휘날리며 천황요배나 하고 가미가제 노래나 부르고 다니고, 이런 짓을 했다는 데는 지탄을 받아야 한다고 생각합니다. 정리하면 3.1운동 이후에 문화정책의 일환으로 조금은 유화적인 분위기가 있었지만, 1937년 중일전쟁 이후 완전한 전시체제로 개편되면서 유림들은 완전히 일제에 협력하는 도구로 전락했습니다.

   이때 중요한 점 몇 가지를 살펴보면, 그러한 전시체제의 통제 안에서 공자교, 대동사문회 등 친일유교단체가 총독부의 지원에 힘입어 경쟁적으로 결성되게 되었다는 것입니다. 설립연도에 따라 그 주요단체를 살펴보면, 공자교는 유림 68인을 기초위원으로 하여 1909년 설립됩니다. 이 단체는 1907년 대동학회를 해체하고 재창립된 것입니다. 대동사문회는 1920년 유림 200여 명이 모여 창립식을 거행하고 대동사문회보를 발행하였는데, 편집장 최영년은 동학농민 운동이 일어났을 때 대원군의 사주로 전봉준을 치러갔던 사람입니다. 또 대동사문회는 이사 30인을 비롯하여 각 도에 지부를 결성하고 전사典事를 두었습니다. 여기에는 일진회 출신 인사 등 적극적 친일파를 배치하여 반일 여론을 무마하려 하였고 이 단체는 대표적 사이비단체로 1945년까지 유지되었습니다.

유도진흥회는 1920년에 경성과 경상북도의 유림들이 주도하여 결성하였으며 이 단체는 전국적 조직을 갖추지는 못하였으나, 경성을 비롯하여 경기도, 경상북도, 함경남도, 충청남도 등지에 지부를 두었습니다. 이 단체는 회원들을 동원해 상해 임시 정부와 내통시켜 정보를 빼내려는 의도로 결성되었습니다. 조선유교회는 1932년 유림 388인이 참여하여 창립한 단체입니다. 13도 대표와 용정, 연길, 화룡 등 만주 지역 인사들도 참여하였습니다. 조선유림연합회는 1937년 현영운(일본어 통역관 출신) 등이 결성하였으며 그 조직과 목적이 유도연합회와 비슷하였습니다.

그 밖에 군소 유림단체로는 유생양반회, 대동유림회, 대성학회, 명륜회, 모성회慕聖會, 사문회, 유교협성회, 유림단, 유도회, 태극교회, 팔도공의소八道公議所, 황도회皇道會 등 30여 개의 조직이 결성되어 활동을 벌입니다.

특이한 것은 유생양반회에서도 보듯 유생들 자신은 스스로를 일제시대에도 양반으로 생각하고 있다는 것입니다. 일제시대에는 양반이 없었죠. 저같이 계급문제를 중요하게 생각하는 사람에게는 어쨌든 통쾌한 일이지요. 과거 유생들은 과거제도를 비롯한 온갖 특권을 가지고 있었는데, 이것이 다 없어진 겁니다. 누구나 비록 백정이라도 실력만 있으면 군수도 될 수 있고, 총독부 관리도 될 수 있었습니다. 어쨌든 이것은 시대의 흐름이었습니다. 아직도 자신은 양반입네 하고 행세하는 자들이 있는데, 족보 정도는 알아두는 것이 어떤가 싶습니다마는 이것도 남성주의라는 생각이 듭니다.

천황의 정신을 받드는 황도유학

이제 유학은 황도유학으로 다시 갑니다. 황도유학은 무엇이냐, 황이라는 것은 천황을 의미하는 거지요. 황국신민으로서 천황의 정신을 받드는 그런 유학으로 간다는 의미입니다. 이들 유교단체의 창립식 또는 이들 단체가 벌이는 천장절 축하식 등 여러 행사에 조선총독이나 정무총감이 참석하여 축사나 격려사를 하였고 총독부로부터 일정한 보조금이 지급되었습니다.

이제 친일유림단체의 참여자 면면을 살펴볼까합니다. 먼저 경학원의 참여인사를 살펴보자면, 이하 명단 제시는 발표자의 자의에 따라 친일행각이 두드러지고 해방 후 요직을 지낸 인물들을 중심으로 뽑았습니다. 대제학은 초대 대제학인 박제순을 비롯해 김윤식·정만조·윤덕영 등이 있는데, 이들 중에 이름만 올린 사람들도 있고 열성적으로 황도유학에 앞장선 사람도 있습니다. 박제순은 을사오적으로 이미 알려져 있고, 김윤식은 중추원에서 조선사람으로서 부의장이라는 최고의 지위를 누린 사람인데, 특히 이 자는 동학농민전쟁 때 일본군에게 자기 동포인 동학농민을 전부 죽이라는 편지를 아주 간곡히 보낸 인물입니다. 동학농민전쟁 때뿐만이 아니라 당시 반대세력에 있는 동족들을 쓸어버리려고 한 기가 막힌 사람입니다. 그리고 윤덕영은 순종의 왕비인 윤비의 큰아버지입니다. 이 사람은 한일합병 당시에 순종이 옥쇄를 왕비의 치마폭에 숨겼는데, 아무도 뒤지지 못하는 상황에서 자기가 직접 왕비를 밀치고 치마폭에 있던 옥쇄를 가져가 옥쇄를 찍게 만든 사람입니다. 이런 자들이 경학원 최고 책임자였습니다.

다음으로 부제학은 이용직(조선독립청원으로 면직), 박기양, 정봉시 등이 임명되었는데, 박기양 이 사람은 연암 박지원 선생 후손으로 아마 선생께서 자기 후손이 친일의 핵심이었다는 걸 아시면 통탄하셨을 겁니다.

사성으로는 신소설을 쓴 철저한 친일파 이인직, 한학자로 대구사범 교유를 지낸 안인식 등이 있었고, 강사로는 성낙현, 여규형, 정만조, 송병순 등이 임명되었습니다. 명륜학원 평의원으로는 정봉시, 어윤적(경성), 신창휴(충북), 성낙현(충남), 이강원(전북) 등이 있었습니다.

공자교의 발기인은 여규형, 김학진, 정만조, 윤덕영, 이인직, 정병조 등이었으며, 회장으로는 이용직, 김학진, 전우 등이 있었습니다. 특히 김학진이란 사람은 동학농민전쟁 당시 전라감사로 전봉준을 도와 집강소 활동을 보장하였으며 전우라는 사람은 전라북도에서 마지막 유학자로 이름을 떨친 사람인데, 의병봉기 때 의병에 참여하자고 하자, 나는 조상의 덕을 본 것이 없기 때문에 의병에 참여할 수 없다는 말로 거절을 합니다. 민중을 위해 의병에 참여하는 것이지, 조상의 덕이나 왕조에 의해 참여하는 것이 아니지요. 이것이 바로 조선 성리학자들의 가장 천박한 오류입니다.

대동사문회의 발기인은 어윤적, 정만조, 최영년, 현채, 홍희 등이고 회장은 윤용구, 부회장은 어윤적이었습니다. 이 단체에는 친일 관료출신 또는 부유腐儒들이 가장 많은 모임으로써 민중으로부터도 제일 많은 지탄을 받습니다. 현채는 역사학자로서 개화기 이후에 많은 역사 관련 저서를 썼는데 완전히 친일로 돌아섰고, 홍희도 이병도와 함께 조선편수회에서 해방 이후까지도 활동을 하던 사람입니다. 바로 이 조선편수회에 관여한 인물들이 해방 이후에 우리 역사학계를 주도하였습니다. 신석호, 이용직, 홍희, 이능화, 이병도 등입니다.

유도진흥회의 회장은 김영한, 부회장은 윤희구였습니다. 조선유교회의 대표자로는 김경중(호남지주), 민건식(탐관오리 민영휘의 아들), 안인식 등이 있었으며, 조직을 이끄는 종도원의 종도정에는 윤용구, 이론을 밝히는 명리원에는 정만조, 지석영(우두보급자), 정병조(정만조의 동생) 등이 있었습니다. 또한 지방의 의정으로는 송복헌(충북), 김철수(충남), 현준호(전남), 성낙문(경남) 등을 꼽을 수가 있으며, 전교사로는 황기수(동래), 박장현(청도) 등이 있었습니다.

조선유림연합회의 고문은 박영효, 민병석, 윤덕영, 이윤용, 이제곤, 어담, 한상룡, 박영철, 이진호, 박중양, 현준호, 김갑순, 김성수, 김연수 등이며, 회장은 이토 히로부미의 양녀인 배정자의 남편인 현영운, 부회장은 민건식이었습니다. 이들은 구한말에 고관을 지냈거나 혹은 권세가의 자손들이나 지방출신의 재력가 또는 유지들이었다는 공통점을 발견할 수 있습니다. 특히 지방 지주들이나 재력가들은 서울의 지금의 재동, 삼청동 일대의 일명 북촌 양반촌에 끼이기 위해 유림 행세를 하며 몰려들었습니다.

이들 단체의 취지와 목적은 대체로, 첫째 유교사상과 도덕을 진흥하여 국민을 교화하고, 둘째 공자를 모시기 위해 향교재산을 관리하고 유지하며, 셋째 황도유학으로 황국신민의 의무를 다하기 위한 것이었습니다. 각 유림단체는 구체적 취지와 목적을 내세울 적에 약간씩 다르기는 하지만 대체로 이 세 가지 취지와 목적을 표방하였습니다. 결국 공출, 징병에 협조하기 위한 것이죠. 그러면 구체적으로 몇 가지 사례를 들어 보겠습니다.

유도진흥회의 설립목적은 "유도를 진흥하여 퇴폐한 유풍을 되살리고 동양 도덕의 진원을 발휘하여 민심의 안정을 꾀하고 국가의 진운에 바친다."라고 하였고, 회칙에는 "국헌을 존중히 여기고 국법에 순종하여 백성의 복리를 염두에 둘 것."과 "세상 돌아감에 뒤지지 않도록 평상시 대국을 눈여겨보고 경거 불온한 행동을 삼가며 일반 민중의 모범이 되도록 힘쓴다."라고 하였습니다.

조선유림연합회 회칙의 목적은 "유교를 강명하고 윤강倫綱의 부식을 도圖하며 황도의 정신으로 국체를 명징하고 충군 애국의 의무를 일심봉

행함."이었습니다. 조선유도연합회 창립취지에서는 "오늘날 유도연합회를 창립한 까닭은 동지를 규합하여 사문斯文을 창기하여 위로는 황도정신을 선양하고 아래로는 국민정신을 움직이려 하는 것이다."라고 하였습니다. 충북유도연합회의 창립축하시집에는 50여 명의 축하시가 수록되어 있는데, 앞장에 수록된 윤덕영과 안인식의 시는 이러했습니다.

이산(尼山)의 목탁이 우리 동쪽을 깨우쳤으니 천년의 하청(河淸)이 여기에 있소, 서원(西原, 청주의 별칭)의 서리 국화가 늦었다고 말하지 말라, 한 당(堂)의 화기가 봄과 같구려.
— 윤덕영

만 구비 도는 강하는 어김없이 동쪽으로 흘렀는데, 사문의 앞 길이 시중(時中)에 맞구려, 어진 하늘의 교화 비가 고루 적시는 날, 온 세계가 대동(大同)함을 보겠노라.
— 안인식

다음의 내용을 보면 이들의 활동영역이 매우 다양하였음을 잘 알 수가 있습니다. 3.1운동 이후의 단계에서는 총독부 정책에 협조하자거나 무장독립투쟁이 살상만 가져오는 잘못된 행동이라고 나무라는 수준이었습니다. 이들은 그 반대급부로 대체로 천황의 하사금과 총독부의 재정지원을 받아 성균관과 향교를 유지하고 관리하는 일에 초점을 두었습니다.

중일전쟁 이후 전시체제로 개편될 시기에는 국민정신총동맹 등의 친일단체와 행동을 같이했습니다. 이는 곧 총후銃後 협조체제를 구축하는 것이었습니다. 총독부와 지방 행정당국의 개발지도에 따라 시국강연을 비롯해 무운장구 기원, 국방헌금, 황군위문, 징용징병의 동원, 공출장려 등의 일에 나섰습니다. 구체적인 사례를 몇 가지 들어보면 우선, 안동유림들은 애국비행기 경북호 헌납 운동을 벌여 모금한 570원을 바쳤고, 경주의 유림들은 국방비를 모금해 바쳤으며, 진도유림들은 고사포 헌납을 위해 2천원을 각출하였으며 장연의 유림들은 2천원, 울진의 유림들은 7천원을 헌납하였습니다. 특히나 울진은 당시 매우 낙후된 곳인데 어떻게 7천원씩이나 되는 큰돈을 모았는지 아무튼 열성분자들이 있으면 이런 일도 생기나 봅니다. 이들은 헌납금을 들고 도지사 또는 총독을 만나 충성 경쟁을 벌였습니다. 물론 위의 사례들은 유림단체 전체의 모습은 아닙니다.

한편 매월 1일과 15일에는 경학원의 문묘를 비롯해 전국의 문묘 327개소에서 〈거국일치 국위선양〉의 서고식과 〈중국응징서원문〉 낭독대회를 벌였으며, 또한 천황요배, 신사참배를 거행하였으며 각종 제전祭典 또는 행사에 일장기를 내걸고 기미가요를 합창하였습니다. 이들 친일단체는 창씨 개명에도 매우 협조적이었습니다. 유림들은 집단으로 합의를 끌어내 창씨 개명에 동조합니다. 그 한 사례를 제시하자면, 유림이 중심이 된 경주 김씨 태사공파종회에서는 1940년 금성(가네기)이라는 창씨를 결정하고, 그 통고문에서 "금일 씨자 창설이 수비강제법령雖非強制法令이나 세도와 시의를 추상하면 역난교수구장亦難膠守舊章이오며…."라고 하였습니다. 당시 창씨 개명을 하지 않으면 안 되는 불가피한 상황도 아니었음에도 유림단체나 문중에서 합동으로 창씨를 결의하고 돌림자도 만든 사실은 참으로 부끄러운 일입니다.

조선유도연합회의 기관지인 〈유도〉 4호에, '애족생'이라는 필명으로 게재된 〈유도상儒道上으로 견見한 일한병합日韓倂合〉이라는 글에는 이런 대목이 있습니다.

> 고어古語에 하사비군하사비민何事非君何事非民이라 운云하였나니 시즉왕도是卽王道의 정신精神이라. 대저大抵 정치政治의 목적은 민중의 행복을 위하는 자者인즉 차此를 목적으로 하는 자者이 즉군주卽君主요 차군주하此君主下에 민중은 기인생其人生의 영광을 증增하고 향락享樂함을 위謂함이니 왕도王道를 행행行하는 자者는 요堯나 순舜이나 이李나 박朴이나 감敢히 문문問할 바가 아니니라. 민중도 주민周民이 되던지 은민殷民이 되던지 기행복其幸福을 위주爲主하는 자者인즉 왕도지하王道之下에 수雖가 비민非民이리오….

이는 누구를 섬기든 임금이 아니며 누구를 섬기든 백성이 아니겠느냐, 이것이 왕도의 중심이다, 임금은 민중을 위하기만 하면 되지 임금이 꼭 고종이 아니더라도 이가면 어떻고 박가면 어떻느냐는 의미를 담고 있습니다. 내용만으로 보면 틀린 이야기가 없어요. 흔히들 글 잘 쓰는 사람이 궤변을 잘 늘어놓지요. 사실은 그럴듯하지만, 목적과 의도를 보면 궤변이에요. 우리가 일제식민지의 폭압에 대항하는 것이지, 고종이 백성들을 위하지 못하고, 일본천황, 총독은 우리 백성을 더 위하니까 그를 인정해야 한다는 건가요? 더 도탄에 빠지게 한 것이지요. 이런 것을 말하지 않고 이렇게 그럴듯하게 포장을 해서 쓰고 있어요. 또 이렇게 쓰고 있습니다.

> 오인吾人은 오인吾人 장래將來의 행복을 위하야 합의적合意的 합병合併을 결행決行한 특등한 가족의 일원인즉 오인吾人은 호말毫末도 자비自卑하고 시기猜忌할 것이 무無할지라. 연然한대 망국으로 자임自任하고 피정복민족被征服民族으로 자인自認하야 비관적悲觀的 소극적消極的 태도를 지持하고 장차 자포자기自暴自棄에 함함陷함과 여如함은 장래 대민족될 자격資格이 무無하다 위謂할지니라.

이는, 이제 장래 행복을 위해 일본과 합병을 해 한 가족이 되었으니 나라가 망했다고 비관적, 소극적인 태도로 자포자기하면 대민족이 될 자격이 없다는 내용입니다. 완전히 일본과 동화되어 행복하게 살아야 한다는 것이지요. 영국은 식민지정책에서 동화정책을 쓰지 않았어요. 그 나라의 종교, 언어, 의복 등을 내버려 두었어요. 그런데 일본식민지 하에서는 언어도 일본말로, 풍속도 일본식으로 바꾸게 했어요. 철저히 동화정책을 썼죠. 결국 일본에 철저히 동화되어야 한다고 주장하고, 나아가 독립 운동을 함은 세계 대세를 저버리고 일본의 동양평화 주장을 모독한다고 하면서 끝으로 조선은 일본의 운명에 달려 있으니, "조선의 독립은 일한병합日韓倂合의 정신과 배반하니."라고 하였습니다. 조선의 독립은 필요치 않다는 것이고, 이는 궤변이라고 평가하지 않을 수 없습니다.

이 '애족생'이 누구의 가명인지는 미상이나 유림의 한 사람일 것입니다. 일반 유림들 대다수가 이 논리에 동조하였다고 볼 수는 없을 것이지만 유림들은 구차한 유교이론을 끌어대 자신의 주장을 폈습니다. 최남선과 같이 단군과 일본 건국의 신인 천조대신天照大神이 한 뿌리라고 동조동근의 이론을 만들어내기도 하고, 서양이 만들어낸 논리인 동양이 앞으로 세계를 제패할 것이다라는 황화론黃禍論에 맞서, 서양 침략주의를 일컫는 백화론白禍論에 동조합니다. 그리고 일본의 목표인 일본과 조선, 만주 몽고인 만몽滿蒙의 민족이 단결하여 일차적으로는 중국을 제패하고 이차적으로는 서양을 제패해야 한다는 주장에도 동조합니다. 백화론에 동조하는 자들은 가령 서양에는 인간윤리가 없다고 주장하는데, 서양에 정말 윤리가 없습니까? 다만 우리하고 풍속이 다를 뿐이지요. 서양에서는 시아버지하고 며느리가 인사할 때, 서로 끌어안는다고 해서 윤리가 없네, 짐승입네 하는데요, 제가 아는 어떤 이가 있는데 이 사람은 자신의 뿌리가 양반임을 아주 자랑스러워하는 사람인데, 항상 손수건을 들고 다닙니다. 이유는 며느리가 잡은 문고리를 자기도 잡을 수 있으니, 문고리에 손수건을 둘둘 말고 열고 닫는데요. 이게 윤리입니까? 사람이 반가우면 끌어안을 수 있는 문제이지, 윤리가 없어서가 아니지요. 동양, 서양 그리고 하물며 아프리카에 사는 사람들도 다만 풍속이 다를 뿐이지 윤리가 없는 것은 아니지요. 서양도 마찬가집니다. 우리가 된장을 먹는 것을 보고 어떻게 음식을 썩혀서 먹느냐, 냄새나는 걸 어떻게 먹느냐는 둥, 제대로 알아보지 않고 이런저런 소리들을 하는데, 오늘날 얼마나 좋은 식품으로 밝혀졌습니까? 이런 일들은 서로의 풍속 차이를 이해하지 못함에서 비롯되는 것입니다.

오늘날 우리가 황도유학이라는 이름의 친일파 유림의 실체에 대해 이야기를 하는 것은 우리 역사에서 다시는 이런 일이 없도록 역사의 교훈으로 삼기 위함입니다. 한 자리를 얻으려는 엽관배와 작은 이익을 챙기려는 간상배들이 유림단체를 주도하였던 것이 우리 역사입니다. 물론 공자를 받들고 향교를 보존하려는 소박한 유림들도 있었을 것입니다.

그런데 친일파 진상규명에 방해를 하고, 심지어 예를 들어 군인은 중좌 이상만 조사를 할 수 있다라고 하는데, 독립군 탄압에 앞장선 만주에 있던 관동군 관동토벌대는 해방 후에 다 국내에 들어와 건군을 하고 군을 장악하게 됩니다. 이들이 바로 정일권, 박정희 등 수두룩합니다. 우리가 친일파 후손들에게 너희 조상이 친일을 했으니 너희가 대가를 치뤄야 한다고 주장하는 것은 아닙니다. 그렇게 연좌제 형식으로 얽어매는 것은 안된다고 봅니다. 그러나 친일파 후손들이 자기 조상들의 죄과를 바로 알고 반성하기는커녕, 자기 조상들의 행적을 은폐하려고 한다든가, 왜곡하려고 한다든가, 진실규명을 반대하는 것은 큰 문제가 있다고 생각합니다. 너희 조상이 친일했으니 너희가 책임져라는 것이 아니라, 진실을 왜곡, 은폐, 방해하려는 자를 응징해야 한다는 것입니다.

여기에서 저는 친일문제와 관련해 한 말씀드리겠습니다. 지금 젊은 학자들이 민족주의에 대한 해체를 주장하곤 하는데, 저는 개인적으로 이러한 주장에 어느 정도 동감합니다. 세계가 너무 민족 중심으로 흘러가고 있기 때문입니다. 그러나 피해를 받은 민족, 우리처럼 강대국에 의해 강제로 분단이 되어 있는 상황에서는 여전히 민족주의는 유효하다고 봅니다. 일본이 학교, 병원, 도로를 건설해주는 등, 우리의 근대화를 이끈 동력으로서 큰 역할을 했다는 식민 근대화론은 절대 인정할 수 없는 논리입니다. 일본이 우리를 위해 그 모든 것을 짓고 만들었나요? 우리의 근대화를 위해서 그런 것입니까? 다 자기들 식민지 수탈을 위해서 그런 것 아닙니까? 돼지를 키울 때 열심히 먹이는 이유는 뭐죠? 살찌워 잡아먹기 위해서 아닙니까? 그런 본질을 외면하고 외형적인 것만 얘기해서는 안 됩니다. 일정한 부분에서는 요즘 신진학자들의 주장에 동의를 하지만 본질을 보지 못하고 겉만 보는 그러한 근대화론에 대한 주장은 절대로 받아들일 수 없습니다. 제가 앞에서 제기한 황도유학과 관련한 논제들이 여러 모로 미흡하다는 느낌이 있습니다. 이 논제는 본격적 연구를 위한 하나의 시론으로 제기하는 것입니다. 고맙습니다.

질의 · 응답

청중 일제시대를 비롯해서, 이후에도 주류이고 대세였던 그런 황도유학에 대해서 대응하는 한국유학의 흐름은 어떤 것이 있었는지, 또한 심산 김창숙 선생님은 그런 흐름에서 어떤 인물로 볼 수 있는 것인지가 궁금합니다.

이이화 이 이야기와 관련해서 앞에서 전제를 달았던 것 같습니다. 비록 척사계열이긴 했지만 의병활동에 참여했던 유림들은 필시 유교의 본래적이고 실천적인 성격을 가지고 있었던 사람이라 할 수 있습니다. 예를 들어 만주로 건너 간 이상용, 중국에서 활동한 김창숙 선생님 같은 분들은 이와 같은 대표적인 유림이라 할 수 있겠습니다. 일제시대 때 국내에는 성균관, 즉 경학원을 중심으로 한 황도유학이 주류였습니다. 이것은 심각한 문제인데, 그것은 일제에 대응하는 유림들이 조직을 가질 수 없었다는 것을 의미합니다. 특히 서원조직이 그러했습니다. 산발적인 개인적인 조치밖에 취할 수 없었던 것입니다. 영남의 김항, 곽종석 같은 분들은 일본에 온건하게 저항했던 대표적인 유학자들이었다고 할 수 있겠습니다. 그러나 그들의 역할은 여러 적극적인 독립세력들에 묻혀서 업적이 희석되었습니다.

청중 금일 강의의 내용 중에서, '애족생'이라고 하는 필명으로 게재된 글에서 의문이 든 것인데, 왕도유학과 황도유학의 의미 자체가 상당히 차이가 있다고 생각합니다. 예를 들면, 왕도유학의 이론에 근거하면 일제에 대응할 수 있는 논리가 얼마든지 만들어질 수 있다고 봅니다. 기존 왕조체제의 한계 내에서지만, 조선이 망하고 타국의 왕이 제국주의 논리에 근거하여 통치를 하려고 할 때, 척사위정이나 의병 같은 것이 결국은 왕도유학에 근거한 것이 아닌가 합니다. 이러한 맥락에서 왕도유학과 황도유학이 구분되어야, 1930년대 중일전쟁을 계기로 완전하게 황도유학으로 변모한 왕도유학에 대해서 심도 있는 고찰이 가능하지 않을까 합니다. 선생님의 의견은 어떠하십니까?

이이화 왕도유학은 유교정치의 요체입니다. 그것은 지배자로써 아래의 백성을 위해 주는 위에서 아래로의 지배철학이라고 할 수 있습니다. 그런데 황도유학을 말할 때에는 좀 더 다른 각도에서 보아야 합니다. 원시유교의 중심은 백성을 하늘로 보는 것이지만, 황도유학은 천황의 유학을 말하는 것입니다. 이광수가 민족개조론을 주장했을 때는 민족을 배제한 것은 아닙니다마는 윤치호나 안창호 선생과 같이 개량주의자로 분류가 됩니다. 그들의 주장은 동양과 우리 민족이 너무나 낙후되어 있어서, 일제 하에 공무원으로 들어가든지, 군인으로 들어가든지 해서 민족의 역량을 키워야 한다는 이른바 파시즘 민족주의입니다. 식민지에 투쟁하는 민족주의나 방어적 민족주의 등 여러 가지 민족주의가 있지만, 이는 일제와 영합하는 교묘한 민족주의인 것입니다.

그런데 황도유학의 기본은 원시유학의 특정 요소를 끄집어내어, 천황은 소위 자기 수하의 백성들을 한결 같이 사랑한다는 황도정신에 대한 구호로 변모시켰다는 것입니다. 일부 개량주의자들의 주장과 같이, 일본은 1등 국민이고 우리는 2등 국민이라 생각하고 만주나 몽골은 3등 국민이라 생각하는 그런 민족의 등급을 매기는 것에서도 황도유학이 이용됩니다.

가령 한 가지만 덧붙이자면, 지원제에서 징병제로 전환될 때, 일부 개량주의자와 황도유학자들이 이제야 독립이 되는 계기가 된다고 주장한 바가 있습니다. "우리가 천황을 위해서 군대를 가서 희생을 다하고, 충성을 다하고, 국민된 의무를 다해야 한다."라고 생각한 것이 그들의 논리였습니다. 이런 부정적 맥락에서 실천적 요소에 대하여 황도유학의 논리가 이용된 것입니다.

청중 우리가 외래사상을 수용하는 데 있어서 경직되거나 아니면 유연하지 못하고 교조적인 성향이 있다고 생각됩니다. 근래 기독교에 있어서도 다른 어떤 나라보다 배타성이 심하고, 80년대 맑스주의를 수용할 때에 있어서도 그런 경향이 두드러졌다고 볼 수 있겠습니다. 우리 민족에게 사상적 역량을 가장 크게 준 유학이 우리 민족의 생활 깊숙이 뿌리내리고 있었던 것만큼 그것이 변모되었을 때 우리에게 부정적인 영향을 오히려 더 깊게 준 것이라는 생각이 듭니다. 이렇게 유학사상이 변모하고 제국주의 침략세력에게 동조하는 과정에서 일어난 폐단들은 우리 민족이 외래사상의 수용에 있어서 유연성이 좀 부족한 데에서 기인되지 않았을까 하는 생각입니다. 땅덩어리와 인구가 적어서 그런 것이 아닌가 생각하는데 선생님의 견해는 어떤지 궁금합니다.

이이화 천주교의 경우, 주자학도인 정조 같은 경우에도 천주교를 전폭적으로 수용한 것은 아니지만, 탄압하거나 그러지 않고 일부를 인정하면서 어느 정도 방임했습니다. 이것이 바른 조치라 생각하는데, 이후 정조가 독살되었다든지, 여러 설이 있습니다마는 어쨌든 정조가 죽고나서 바로 천주교를 탄압하기 시작했어요. 주제가 천주교쪽에서 어떻게 생각하느냐가 아니라 우리쪽에서 천주교를 어떻게 수용하느냐의 문제이기 때문에, 그들도 우리의 풍속이나 가치에 대한 이해부족도 있었음을 지적하고 싶습니다. 신부가 식민지정책의 선봉이라는 것은 오늘날 어느 정도 알려진 사실입니다마는 그들도 우리의 생활풍속이라든지 전통을 이해하려고 한 것이 아닙니다. 우리나라에 초기에 들어온 천주교는 프랑스에서 들어온 것인데, 이는 천주교 중에서 가장 경직되고 경색된 천주교입니다.

앞서 지적한 바와 같이 천주교도 우리가 적극 수용을 한 것도 아니고, 동학에서는 사학으로 몰리기도 했지만, 천주교 내에서도 우리 현실의 몰이해로 탄압을 유발한 측면도 있습니다. 요즘 우리나라에는 본래 실학이 없었다고 참으로 큰일 날 소리를 하는 사람이 있는데, 실학이 뭡니까? 실학은 유학의 정신을 현실 속에서 개혁하고 시대에 맞추어 가는가 하는 고민에서 나온 것이지요. 종교도 마찬가지로 현실에 맞추어 가야 해요. 오늘날 천주교 보세요. 제사를 다 지내게 하지 않습니까? 이처럼 이제 성균관 유생들도 가족법에 서명해주고, 동조를 해줘야 하는 것이 시대적 흐름이에요. 천도교도 마찬가지고 동학도 마찬가지입니다.

우리가 천주교를 거부한 것은 역사적인 흐름 속에서 나온 것이지, 우리 민족성 때문이라는 것은 무리이고, 오히려 저는 정치권력에 의해 농단당한 측면이 많다고 그리 해석합니다.

중국 같은 경우는 주자학 일변도에서 양명학으로 전환했습니다. 물론 우리에게도 개화파라는 것이 있었지요. 그러나 개화파도 완전히 정치권력에서 타도되어 버리죠. 개화파는 엘리트 위주로 갈 수 밖에 없었어요. 저변이 확대될 수 없기 때문이죠. 동학농민 운동이 고리타분하다고 생각하지 마십시오. 근대 국민 국가의 시초는 신분제도와 토지제도를 바꾸는 것이었습니다. 이들이 그걸 주장한 사람들이예요. 종교적인 색채에서 바라볼 것이 아니라 농민이 전쟁에 관여하고, 집강소를 통해서 반봉건 운동이 일어났을 때, 근대 국민 국가의 기초가 되는 것이었습니다.

요즘 아주 비과학적인 사고를 많이 가지고 있어요. 의병 활동을 전쟁으로 표현하면 격상된다고 생각하는 것인데, 의병 활동은 전쟁이라고 볼 수 없어요. 의병들의 실상을 보세요. 또, 일제강점기라는 표현이 있는데, 이는 너무 주관적인 표현입니다. 역사에서는 너무 주관적인 표현을 쓰면 안돼요. 객관성을 갖고 있어야 하는데, 왜 강점기입니까? 식민지면 식민지이지? 해방이라는 표현도 그래요. 우리가 일제의 질곡으로부터 풀려났다는 해방이 좋은 표현이지, 마치 광복이 근사한 말처럼 생각하는 것이 문제예요.

역사는 객관적으로 보아야 합니다. 유학이 자꾸 새로운 옷을 입어야 하는데, 척사위정개혁이 외세의 침략문제에만 집착했었지, 새로운 문화의 수용이라든가, 민중의 고통 같은 것에 대단히 소홀하고, 당대가 요구하던 민중의 요구에는 부응하지 못했던 한계를 가지고 있는 것입니다. 역사에 제대로 발맞추지 못하는 한계를 가지고 있었던 것입니다.

앞으로 일정 기간 '친일반민족행위 진상규명위원회'를 통해 친일파 문제를 청산하고 화합의 사회로 나가야 할 것입니다. 이는 어디까지나 진상 규명이지 처벌을 하자는 게 아닙니다. 처벌을 할 수 있는 역사적 조건도 아닙니다. 그래야 역사의 교훈을 얻을 수 있습니다.

우리시대 희망을 찾는 7인의 발언록

안병욱

과거사 청산 운동은 사회 정의 운동

과거 청산은 이미 우리가 알고 있는 과거의 사실들을
그 가해자들, 관련기관들이 시인하도록 만드는 데서 이루어집니다.
부인할 수 없도록 증거를 찾아내 확인하고,
잘못을 시인하고 진실을 고백하는 사회 분위기를 조성하는 것입니다.
그렇게 진실을 고백하고 스스로를 반성하게 되면
피해자들이 용서하게 되고, 피해자들의 용서를 통해서
사회적으로 '화해'를 이루게 되면서
과거 청산이 이루어지는 것이라 생각합니다.
과거 청산의 목적은,
곧 피해자가 용서해줄 수 있는 조건을 만들어서
'화해' 하게 하는 데 있습니다.

과거사 청산문제는 한국현대사의 큰 논쟁점 가운데 하나입니다. 아마 여러분들도 사회의식을 갖게 되면서 과거 청산에 대해 생각하게 되었을 것입니다. 우리에게는 너무나 익숙한 과거 청산이란 말이지만 영어의 경우 우리말의 과거 청산에 해당하는 단어도 없는 것 같습니다. 즉 과거 청산문제는 어떤 측면에서 우리 현대사의 특수한 상황에서 기인한 문제인 것입니다. 예컨대 우리와 비슷하게 남아공이나 중남미 국가들에서도 인종 차별, 또 군사정권 하에서 자행된 학살과 수많은 실종사건으로 역사전환기의 진실과 화해를 위한 과거사 문제가 제기된 바 있습니다. 하지만 이들의 경우는 우리처럼 포괄적이고 중첩되는 성격의 과거 청산문제가 아니라 특정한 사건이나 시기의 구체적인 사항들에 관한 일입니다.

파멸적인 과거를 되풀이하지 않아야

얼마 전 한국학을 소개하는 코리아저널이라는 잡지에서 한국의 과거 청산을 특집으로 다룬 적이 있었습니다. 그때 우리말의 '과거 청산'에 해당하는 적당한 단어를 찾을 수가 없었습니다. 우리가 사용하는 과거 청산의 경우 사례는 다양하고 그 의미는 복합적이기 때문에 어느 한 단어로 표현하기가 어려웠습니다.

보통 우리말의 청산이라는 단어 자체는 깨끗하게 정리한다는 뜻이지만 우리가 일반적으로 사용하는 과거 청산이라는 표현에는 그러한 의미뿐만이 아니라, 과거에 잘못한 사람을 처벌하자, 잘못된 부분을 바꾸자, 피해자를 구제하자, 과거의 잘못을 반성하고 용서하자, 과거를 잊고 화해하자, 과거사를 기억하고 기념하자 등등의 여러 복합적 의미가 내포되어 있습니다. 부득이 영문학자들의 자문을 받아 'settling the past'라는 표현으로 처리한 적이 있습니다. 여러 가지로 고심하다가 과거사에 대한 정리라는 의미로 settle을 사용하기로 한 것입니다.

우리 사회가 포괄적으로 과거사라고 하지만 그 과거사를 청산해야 한다는 주장이 제기되는 한편에는 으레 정략적 의도라는 비난도 따르곤 합니다. 보수층은 '정치적인 보복 행위라거나, 특정 세력을 탄압하려는 정략적 의도'라고 주장합니다. 이는 정략적인 의도를 가지고 보수층이나 기득권 세력에 대한 공격을 위해 과거사를 들추어내는 것으로써 부당하다는 비판이 들어있습니다. 과거사에 대한 논쟁을 거부함으로써, 기득권을 고수하고 사회 변화를 억제함으로써 기득권을 잃지 않으려는 이해관계 때문에 제기하는 비판이라고 생각합니다. 하지만 현대 한국 사회는 누구나 느낄 수 있는 것처럼 역동적인 변화의 와중에 있습니다. 그렇게 사회가 바뀌고 발전해가고 있습니다. 만일 그렇지 않고 과거의 틀에 안주하면서 보수적으로 정체된다면 세계사의 흐름에서 낙오될 수 있습니다. 예컨대 19세기에 세계가 다 변하는데 우리 사회는 그 변화를 외면하다가 끝내 일본의 침략을 받아 식민지로 전락했으며, 해방된 후에도 자주적인 국가를 만들지 못하고 외세에 의해서 분단이 되었습니다. 그 파장으로 동족 상잔의 전쟁까지 치르고 말았습니다. 그런 파멸적인 과거를 되풀이하지 않아야 한다는 각성 때문에 과거사를 중요하게 여기는 것입니다. 그리고 우리 사회는 지난 50~60년 동안 참으로 많은 일들을 겪었습니다. 긴 격동의 시간을 각고의 노력으로 극복한 후 겨우 90년대 들어 정상적인 궤도에 들어서려는 찰나에 이르렀습니다. 하지만 기득권세력의 저항은 간단하지가 않았습니다. 변화와 개혁에 사사건건 발목을 잡고 문제를 제기했습니다. 기득권세력은 보수언론과 보수정당을 내세워 주거니 받거니 하면서 한국 사회의 미래 지향적인 변화에 제동을 걸고 있는 것입니다.

과거 청산 문제는 1945년부터 꾸준히 제기되었지만 그 내용은 시기별로 차이가 있습니다. 오늘날에 이 문제가 더 활발하게 제기되는 것은 국민의 정부, 노무현 정부를 맞아 변화와 개혁을 시도하는 과정에서 과거사가 갈수록 더 큰 걸림돌로 작용하기 때문일 것입니다. 비록 50~60년 전의 일이라고 하더라도 과거사 문제는 시간으로 덮어지지 않기 때문에 반드시 언젠가는 한 번 처리해야 한다는 불가피성을 더욱 절감했다고 할 수 있습니다. 이것은 그만큼 과거 청산의 현재적인 의미가 과거의 일로 머물지 않고 현재 살아 있는 문제로 제기되기 때문입니다.

과거사 청산이 필요한 세 가지 이유

한국에서 과거의 부정적 유산을 청산하는 문제는 크게 세 가지로 구분해 설명할 수 있습니다.

그 첫 번째가 일제식민지배로 인해 형성된 부정적 요소들을 제거하고 민족사의 올바른 발전 기반을 조성하기 위한 활동일 것입니다. 해방이 되면서 민족반역자 즉, 친일반민족 행위자들을 가려내 처벌하는 일은 독립 국가를 세우는 과정에서 무엇보다 최우선적인 과제였습니다. 그러나 3년 간의 미 군정기는 식민잔재 청산요구를 무력화하고 친일파들에게는 변신하여 살아남을 수 있는 길을 모색할 수 있는 시간이었습니다. 그에 반해 일반 국민들은 패배의식에 휩싸이면서 또 다른 예속을 받아들일 수밖에 없었습니다. 뒤늦게 1948년 남한에 단독 정부가 수립되면서 국회가 '반민족행위처벌특별법'을 제정하고 특별기구를 만들어 관련자들을 체포하여 조사하기 시작했지만 이미 지체된, 그래서 적절한 시기를 놓친 활동은 성공하기가 어렵게 되었습니다. 당시 미국의 지원과 보호 아래 등장한 이승만 정부는 일제식민지배에 협력했던 인사들을 재등용하는 정책을 펼쳤고, 미국과 이승만 정부는 민중으로부터 민족반역자라고 비난받아 처벌당할 상황에 놓여 있던 친일파들을 재활용하여 국내적으로 취약한 자신들의 입지를 보강하려 했습니다. 친일파들은 그로부터 역대 정권을 통해 반공독재체제의 중심축으로 기능하면서 사회지배층으로 부상하는 데 성공하였습니다. 반면에 식민지 유산 청산은 한낱 형식적인 통과의례에 불과하였으며 그마저도 이념논쟁으로 변질돼 오히려 정치적 탄압의 제물이 되었습니다. 이승만 정권에서 아무런 성과없이 유야무야 끝났다가 1960년 4.19 이후 다시 사회적 관심사로 제기되었습니다. 4월 봉기로 열린 사회, 열린 공간이 만들어졌기 때문에 가능했으며, 친일파에 대한 청산 문제뿐만 아니라 이승만 정권의 부정부패와 부정선거에 대한 전면적인 처벌 요구가 있었습니다. 그리고 1950년부터 6.25전쟁기에 집단학살당한 유족들의 진상조사와 신원 운동이 제기되었습니다. 대표적으로 거창에서 800명 가까운 민간인들이 군인들에 의해서 군사작전상의 이유로 학살당했었습니다. 어린이부터 시작해서 부녀자, 노인들에 이르기까지 평범한 산골마을 주민들이 무고하게 이유도 모르면서 집단살해당했습니다. 이 유가족들이 9년여 동안 원통함을 가슴 졸이며 안고 있다가 4.19에 의해서 숨통이 트이자 가슴 속에 맺혀 있던 억울한 한을 토해내기 시작한 것입니다. 집단학살의 진상조사와 책임자 처벌, 피해자 구제를 요구하면서 과거 청산 문제가 다시 논의되었습니다. 그러나 이들의 요구는 5.16 군사쿠데타가 발생하면서 1년도 못되어 좌절되었고, 이 운동에 앞장섰던 거창 등지의 유족들은 반정부단체 활동 혐의로 사법처리당해 오히려 감옥으로 끌려갔습니다. 그 후로 계속된 군사정권 하에서 과거 청산은 논의조차 쉽지 않았습니다.

그러다가 1987년 6월 항쟁으로 지난 군사정권의 청산과 사법적 심판의 요구에 따라 과거사에 대한 논의가 다시 활발하게 이루어졌던 것입니다. 이 문제제기는 1989년 '5공 청산'의 국회청문회로 이어졌습니다. 국회가 과거 전두환 정권의 주요책임자들을 불러다 권력남용과 인권탄압 시민학살 등의 문제로 청문회를 진행하였는데 그때 불려나온 사람들 중에는 조선일보, 동아일보의 사주들도 있었습니다. 노태우 정부 자체가 군사정권의 연장이기 때문에 그 정권 하에서 군사독재에 대한 청문회가 성공적으로 이루어지기는 어려웠습니다. 6월 항쟁의 열기가 아직 남아있는 상태에서 그 여파로 과거사를 제기하였지만 만족스러운 결과를 얻을 수는 없었습니다. 김영삼 정부로 들어서서 다시 과거사 문제가 점화되었습니다. 당시에 가장 핵심적인 사항은 1980년 광주에서 300여 명에 이르는 시민학살 문제였지요. 5.17내란과 5월 광주학살에 대한 진상조사와 책임자 처벌이었지만 군사정권의 도움으로 권력을 이어받은 김영삼 정부 또한 이 문제에 대해서는 적극적으로 파헤치고 싶은 생각은 아니었습니다. 그러나 광주의 시민들과 시민단체가 여러 가지 노력을 기울인 끝에 마침내 1996년에 전두환 씨, 노태우 씨 등 18명의 12.12 군사반란자, 5.18항쟁 당시의 학살책임자들을 법정에 세워서 재판을 통한 사법적 심판을 진행했습니다. 그런 재판이 이루어지기까지 힘든 투쟁과 우여곡절이 많았습니다.

애초 1994년에 광주민주화 운동 피해자 600여명이 전두환·노태우 전 대통령을 내란 혐의 등으로 검찰에 고소했으나 검찰은 12.12사건에 기소유예처분하였고, 1995년에는 검찰이 5.18사건에 대해 공소권 없음이라는 결정을 내렸습니다. 검찰은 12.12사건 수사 발표문에서 "재판 과정에서 과거사가 반복 거론되고 법적 논쟁이 계속된다면 국론의 분열과 대립을 초래하여 불필요하게 국력을 소모할 우려가 있으며" 또 "전직 대통령 등을 법정에 세워 단죄하는 경우에는 그 동안 형성된 제반 기성질서와 관련하여 국민들에게 혼돈을 주게 할 우려가 있다."는 등의 이유를 내세웠습니다. 5.18내란 수사발표에서는 "내란에 의해 만약 국가의 기본 통치 조직이 변경되고 지배 권력이 교체되는 등 그 변혁에 성공하였을 경우에는 행위시의 법질서는 구질서에 지나지 않게 되는데 그 구질서를 가지고는 새로운 체제의 주체를 처벌할 수 없다."는 해괴하기 짝이 없는 형식논리를 구사했습니다. 이러한 지배층과 기득권층의 퇴행적 사고를 변화시키기 위해서라도 두 전직 대통령을 사법적으로 심판하는 일은 절대적으로 필요한 일이었습니다. 그러다가 노태우 전 대통령의 비자금이 폭로되면서 상황이 달라지기 시작했습니다. 끝내 '5.18민주화 운동 등에 관한 특별법'이 제정됨으로써 역사적인 과거 청산 작업이 시작된 것입니다.

특별법을 만들어 5.18 학살 관련자들을 법정에 세워 심판하고 1심 판결에서 전두환 씨에게 사형 판결을 내릴 수 있었던 것은 역사적으로 큰 의미가 있으며 어느 정도는 과거 청산에 성과를 얻었다는 측면이 있습니다. 그러나 많은 사람들은 여전히 불만족해 하고 있습니다. 진상 규명도 제대로 안되었으며 사형선고를 받았던 전두환 씨를 감옥생활 1년도 채 우지 않은 채 석방시킨 요식행위에 불과하다는 비판인 것입니다. 분명히 그런 측면이 있습니다만 그러나 긍정적인 측면을 이야기해 보자면 과거의 잘못된 일들을 망각 속에 묻는 것이 아니라 어떻게든 훗날 다시 제기하여 처벌받도록 한다는 것은 사회적으로 대단히 중요한 의미를 지닌 것입니다. 이것은 문명 사회이기 때문에 가능한 일이라고 생각합니다. 나아가 문명 사회적인 차원에서 과거사 정리가 이루어져야 하는 것을 뜻하기도 합니다. 물론 피해자들도 충분히 만족할 수 있는 수준에서 과거사 정리가 이루어져야 합니다. 그러나 그 경우에 현재의 다양한 사회에서 어떻게 하는 것이 과연 현명한 방법일까를 생각해보아야 합니다. 이러한 점에서 5.18항쟁에서의 내란자에 대해 사법부가 특별법을 만들어서 처리한 것은 그만큼 우리 사회가 성숙했다는 것을 나타내는 것입니다. 이러한 우리의 과거 청산의 방법은 우리나라보다 덜 성숙한 나라들에 중요한 선례가 될 수 있다는 측면에서 세계사적인 평가도 가능하다고 생각합니다.

우리나라 역사에서 친일파는 이승만 정권 하에서 지배층이 되었고, 5.16군사정권이 들어섰을 때 다시 득세하고, 그 뒤로 재생산 과정을 통해서 보수세력의 근간을 형성하고 있습니다. 그들은 역사적 과제 중에 가장 중요한 통일문제에 있어서도 자신들의 생존조건과 남북의 통일은 부조화를 이루기 때문에 부정적이며, 진보적 개혁에서도 줄곧 뒷덜미를 잡고 있습니다. 이렇게 친일파에 대한 과거 청산은 현재의 첨예한 문제인 것입니다.

두 번째로 한국전쟁 시기 이념대립 과정에서 자행된 수많은 집단학살과 이로 인한 상흔과 갈등을 극복하고 화해를 이뤄야 하는 문제를 들 수 있습니다. 1945년 이후 멀쩡한 나라를 억지로 둘로 쪼개기 위해서 희생양이 필요했습니다. 그런 공작에 편승해서 좌우 이념대립이 조장되었고 그 여파로 결국 전쟁을 치르게 되었으며 그 전쟁을 통해 약 300만 명이 희생되었습니다. 우리 인구의 1/10이 희생된 것입니다. 납득할 수 없는 비극인 것입니다. 하지만 그런 야만과 희생을 내놓고 말할 수조차 없었습니다. 내 가족이 6.25전쟁 와중에서 사망했다고 하면 그 집안은 사상이 의심스러운 빨갱이 집안으로 낙인찍히게 되고 자칫 연좌제에 취직도 할 수 없게 되었습니다. 연좌제는 현재 법적으로 금지되었지만, 오랫동안 우리 사회의 사상 통제 사슬이었습니다. 이러한 문제, 곧 6.25전쟁과 좌우 이념대립 가운데서 희생되었던 수많은 사람들의 문제를 어떻게 해결할 것인가 하는 문제가 있습니다. 희생자들의 유가족들은 한이 맺혀 있습니다. 지금까지 50여 년의 시간이 흐르는 동안 우리 대부분은 이 문제를 줄곧 외면해왔습니다. 하지만 언제까지 그렇게 모른척하고 지나칠 수는 없는 일입니다. 성찰과 화해를 통해 갈등을 극복하는 일이 과거 청산의 과제입니다. 6.25전쟁 후 바로 이러한 문제를 서둘러 처리했다면 지금쯤은 후유증을 최소화할 수 있었겠지만 곪을 대로 곪아터진 이제야 비로소 논의를 시작하고 있는 것입니다.

세 번째 과제는, 역대 독재정권 하에서 자행된 국가폭력과 수많은 인명살상, 인권유린 행위들에 대한 역사적인 심판과 그에 따라 조성된 왜곡된 가치관을 바로잡는 문제입니다. 물론 사법적인 처리가 가능한 것은 지금이라도 재판에 회부해야 합니다.

이승만 집권 시기에도 그렇지만 특히 군사정권 시기에 반독재 민주화

운동에 대한 탄압과 그 밖에 군복무 중 발생한 의문사 등이 현재 쟁점이 되고 있습니다. 이러한 문제들은 지금 어떻게든 해결되지 못한다면 앞으로 우리 사회가 성장하고 발전해갈수록 증폭되어 더 큰 부담으로 작용할 것입니다. 스페인은 1936~39 사이 내전을 겪으면서 수십만 명이 학살당하거나 해외로 망명했습니다. 희생자나 피해자측은 프랑코가 집권한 40여 년 간 탄압 속에서 전혀 문제를 제기하지 못하고 침묵을 강요당했습니다. 프랑코가 사망한 후 정치적 타협을 통해 피해자 구제와 명예회복을 진행해왔습니다. 1979년에 이른바 '망각협정'을 맺고 전면적인 과거사 청산보다는 점진적인 방법으로 민주화를 추진했습니다. 그러나 과거사문제는 30여 년이 흘러도 잊히지 않고 계속 확대되었습니다. 그래서 마침내 스페인도 과거 청산위원회를 만들기로 하였습니다. 재미있게도 이런 변화는 미국의 요청에 의해 스페인군이 이라크에 파병을 하였는데 그에 반대해 스페인에서 열차폭파 사건이 있었습니다. 이로 인해 선거에서 새로운 좌파정권이 승리하게 되었고 이를 계기로 그 동안 꾸준히 시민 사회가 제기하였던 망각협정 폐기가 받아들여지게 된 것입니다.

독재정권 하에서 자행된 인권 침해를 조사하고 은폐되거나 왜곡된 진실을 규명하기 위한 특별 기구는 유엔 인권소위원회가 1996년에 제출한 '중대 인권 침해범 불처벌에 관한 보고서'에 잘 정리되어 있습니다. 프랑스의 인권 변호사인 루이 주아네가 기초한 이 보고서는 '사회구성원의 알 권리'와 '국가의 기억 의무'를 전제로, 중대 인권 침해범이 교묘하게 법망을 피해 처벌받지 않는 사태에 대처하기 위한 원칙을 50개 조항으로 상세히 제시하였습니다. 여기서 가장 핵심적인 것은 진실을 알 권리가 피해자들에게 있다는 것입니다. 과거의 잘못을 덮어버리려는 불 처벌에 효과적으로 대항하면서 인권 침해의 재발을 막기 위해서는 모든 사회구성원이 진실을 알아야 하고, 국가는 억압을 자행했던 과거를 묻어두지 말고 기억하고 항상 유념해야 하며, 인권 침해 행위를 조사하기 위해 비사법적인 기구를 만들어 운영할 것을 제안하고 있습니다. 또 희생자들을 추도하고 존엄성을 회복시킬 것이며, 나아가 인권 침해를 가능하게 한 법률들을 폐지해야 한다고 했습니다.

진실이 배척되는 사회

허원근 일병 사건 이야기를 해볼까 합니다. 이 사건은 국가 공권력과 진실이라는 문제와 거대 국가기관의 체면과 한 개인의 희생관계를 상징적으로 보여주는 것이라 할 수 있습니다. 저는 의문사진상규명위원회 위원으로 활동하면서 군복무 중에 수많은 의문사 사건들이 발생하고 있다는 점을 알게되었습니다. 의문사진상규명위원회는 민주화 운동에 관련된 사건만을 조사하도록 되어 있었지만, 앞으로 군대 내에서의 의혹사건들 또한 규명되어야 할 것입니다. 허원근 일병은 84년 4월에 첫 휴가를 나가게 되어 있었습니다. 모든 자료를 검토해볼 때 허 일병은 그야말로 착하고 성실한 청년임이 틀림없었습니다. 허일병의 고향은 전남 진도 바

닷가였고, 군대 가기 전에는 고등학교 졸업하고 자기 아버지를 도와 고기 잡는 일도 하다가 대학교에 들어갔다고 합니다. 그런데 내일이 첫 휴가인 허원근 일병이 새벽에 총 3발을 한 발은 오른쪽 가슴, 또 한 발은 왼쪽 가슴, 또 한 발은 머리가 반쯤 날아가도록 이마에 쏘고서 자살을 했다고 합니다. 사람의 피가 흘러서 시간이 지나게 되면 피가 응고하기 때문에 피 색깔이 변하게 됩니다. 검시를 하고 사진을 찍은 후, 전문가가 사진 판독을 바탕으로 말하길, 오른쪽 가슴에 있는 피 색깔과 왼쪽, 머리에 있는 피 색깔이 두 시간 정도 차이가 난다고 했습니다. 그러자 군은, 오른쪽 가슴에다 한 발 쏴서 안 죽었기 때문에 다시 두 시간 동안을 견디다가 왼쪽 가슴에 총을 쏘고, 그래도 안 죽으니깐 다시 머리에다가 총을 쐈다는 어이가 없는 말을 했습니다. 조사 결과 특이 사항도 전혀 없는 평범한 가정의 착한 아들이, 내일이면 첫 휴가를 나가는데, 하필이면 오늘 그것도 아침 10시에 자살을 했을까요? 어떻게 끌어다 부치더라도 자살했을 것이라고 설명하는 것은 불가능한 사건입니다. 허 일병의 아버지는 그때부터 국방부, 청와대 등 관계기관을 찾아다니면서 백방으로 하소연하면서 합리적 설명을 요구했으나 자살했다고 하는 동일한 답변을 들어야 했습니다. 군대에서는 7번인가 조사를 했는데 7번 모두 자살이라는 결론을 내렸습니다. 의문사진상규명위원회에서도 조사를 했습니다. 마침내 진실의 실마리를 붙잡을 수 있었습니다. 진실을 가슴에 두고서 그때까지 강요된 허위진술을 해오던 한 사람의 용기 있는 증언 덕분이었습니다.

당시 허원근 일병의 내무반은 전방 철책선 바로 아래에 있었는데 내무반원이 8명이었습니다. 사건 당시 현장에 있던 병사들에 대한 몇 차례의 조사가 이루어지던 중에 한 명이 의문사위원회 조사의 여섯 번째 진술에서 비로소 진실을 털어놓았습니다. 여섯 번째 만에…, 그 사람은 84년부터 2001년까지 근 20년 동안을 조사할 때마다 매번 불려가서 똑같은 진술을 했을 것입니다. 그리고 의문사위원회에서도 다섯 번째까지는 똑같은 진술을 반복하다가 6번째 진술에서 처음으로 사실을 털어놓기 시작한 것입니다. 일반적으로 사람들은 거짓말을 계속하다가도 일단 진실을 털어놓기 시작하면 그때부터는 진실을 이야기하게 마련입니다.

그렇게 드러난 실상은 이렇습니다. 허원근 일병이 생활한 내무반은 일반 병사들이 쓰는 방 하나와 그 옆에 붙어 있는 조그만 소대장실로 이루어져 있었습니다. 사건 당일 밤에 중대장과 소대장 2명, 이렇게 셋이 내무반 옆에 붙어 있는 소대장실에서 회식을 했다고 합니다. 소대장은 중사이고, 그 중사가 휴가를 다녀온 후 세 사람이 모여 밤새도록 술을 마시면서 회식을 하던 중에 중사인 소대장과 대위인 중대장이 심하게 다투어 싸움이 일어났습니다. 술을 엄청 마시고 싸움이 붙어서 격렬하게 싸우니깐 옆 내무반에 있던 6명 부하 병사들은 잠도 자지 못하고 전전긍긍해 하면서 앉아 있었습니다. 아직은 추운 4월 달 전방에서. 그 중 가장 착실한 친구인 허일병은, 소대장실에서 술을 가져오라면 술을 갖다주고, 안주 가져오라면 안주 갖다주고, 안주가 떨어지니까 라면 삶아서 안주로 갖다주었습니다. 허일병이 술심부름을 다 한 것입니다. 중대장과 소대장이 싸웠던 이유는 부대 밖에 술집이 있는데 그 술집 여자가 중사 소대장의 애인이었는데 중대장이 그 여자를 건드린 것입니다. 그냥 말할 수 없을 정도로 난잡하게 여자를 희롱했다고 합니다. 이 이야기를 전해들은 중사가 분노해서 그날 중대장한테 항의하면서 싸운 것입니다. 그러다가 술이 취한 상태로 자기가 들고 있었던, 장전되어 있는 M16을 들고 나와서는 난롯가에서 전전긍긍해 하고 있는 졸병들에게 총을 난사하게 되었고, 그 총에 허원근 일병이 죽은 것입니다. 그게 새벽 3~4시경이었습니다.

  정상적인 사회 같았으면 이런 범죄사건은 법에 따라 처리돼야 마땅한 일 아니겠습니까? 그러나 대한민국 군대는 사건이 일어나게 되면 중대장부터 시작해서 줄줄이 대대장, 연대장, 그 다음에 사단장 등이 모두 처벌받게 되고 진급에도 불이익이 발생하기 때문에 사건을 은폐하려고 합니다. 이런 불이익을 회피하기 위해서 사고를 자살로 처리해버리는 것입니다.

  그렇다고 어떻게 이렇게까지 사건을 자살이라고 허위로 조작한다는 말입니까? 더욱 기막힌 것은 그렇게 한 번 조작해버리면 그 일은 고정불변의 사실로 주장되어야 하는 것이었습니다. 그 사건이 나자마자 연대장, 보안대장 모두 현장에 출동했다는 목격자가 있었고 4월이기 때문에 그 밑의 계곡이 꽁꽁 얼어 있었는데, 얼음을 깨고 물을 길러다가 내무반을 전부 다 깨끗이 물청소를 했다는 그런 사실까지 낱낱이 다른 내무반 병사들로부터 확인할 수 있었습니다. 또 대대장 운전병은 새벽 4시엔가

5시엔가 대대장을 깨워서 본인이 대대장을 거기까지 태워다주었다는 증언을 하였습니다. 이렇게 확실한 여러 정황증거가 있는데도, 헌병대 보안부대 등 관련된 사람들은 끝까지 오리발을 내미는 것이었습니다. 다른 이야기도 더 많이 있지만 거두절미하기로 하고, 일단 당시 근무했던 한 사병이 모든 사실을 털어놓았습니다. 보통 사람 심리가, 누군가 진실을 이야기하면 모든 사람들이 이제 그만 포기하고 사실을 증언해야 하는데, 내가 너무나 안타깝고 어처구니없게 생각하는 것은 나머지 5명이 여전히 옛날의 증언을 반복하면서 그 한 병사가 털어놓은 진실을 오히려 회유에서 나온 거짓이라고 버티는 것입니다.

어떻게 이런 일이 계속될 수 있을까요? 그 배경에는 조선일보의 영향력이 작용했습니다. 조선일보는 무엇보다 보수세력의 과거 치부를 덮는 일에 더 관심을 갖고 있는 것 같습니다. 만일 진실이 밝혀지는 순간 대한민국 국방부에, 넓게 말하자면, 대한민국 군대의 권위가 훼손될 우려가 있다고 본 것입니다. 그런 점을 염려해서인지 의문사위원회가 기존의 군 발표 내용을 뒤집는 조사내용을 발표하자 조선일보는 연일 '허일병사건 의문사진상규명위원회 조사 잘못, 내무반에 있었던 사병들 다 이구동성으로 사실이 아니라고 진술' 등의 기사를 보도해왔습니다. 조선일보 기사로 사건 당시 현장에 있었던 병사들은 다시 움츠려들어 입을 열지 못하고 만 것입니다. 20여 년이 흘렀음에도 진실보다는 옛날 헌병대에서 무수히 세뇌받아서 외웠던 사건의 내용을 가지고 그대로 다시 반복하게 된 것이죠. 막강한 언론의 유도에 나약한 취재원들은 들러리가 될 수밖에 없는 것입니다.

　왜곡된 언론의 도움이 없이는 진실을 덮으려는 가해세력의 의도는 성공할 수 없습니다. 이렇게 왜곡되고 은폐되어온 사건들이 오늘날 논란이 된 과거사들인 것입니다. 과거사 청산은 왜곡된 인식을 바로 잡으려는 것입니다. 진실이 배척되는 사회에서 어떻게 정의를 말할 수 있겠습니까? 노무현 대통령은 금년(2004년) 8월 15일, 경축사에서 "국민에게 신뢰 받는 정부가 되어야 힘이 있다. 도덕적으로 불신 받는 정부는 안 된다. 과거의 진실은 있는 그대로, 아무리 아프더라고 털어놓자."고 했습니다. 국가기관이 과거의 잘못에 대해 부끄럽지만 스스로 고백하자는 뜻이고 이를 위해 현재 몇 가지 작업을 시행하고 있습니다만, 한편에서는 보수 언론을 중심으로 부정적인 대응이 만만치 않습니다.

　진실이 은폐된 과거사건들로 고통스럽고, 피해를 입는 것은 그 가족들뿐만이 아닙니다. 허일병 사건의 경우를 예로 들면 현장에 있었던 사병들은 자기 동료의 억울한 죽음을 슬퍼할 겨를도 없이 20년이 지난 지금까지도 매번 거짓말로 사건을 은폐하는 데 앞장서야 하는 처지인 것입니다. 그들에게 진실을 털어놓을 수 없는 지난 20년 세월은 아마 지옥보다 견디기 어려운 시기였을 것입니다. 그래서 진실을 털어놓는다는 것은, 무엇보다 자기 스스로를 해방시키는 일입니다. 나아가 우리 사회가 진실을 자유스럽게 말할 수 있을 때 또한 진정으로 해방된 사회가 될 것입니다.

과거사 청산 운동은 사회 정의 운동

　과거 청산은 이미 우리가 알고 있는 과거의 사실들을 그 가해자들, 관련기관들이 시인하도록 만드는 데서 이루어집니다. 부인할 수 없도록 증거를 찾아내 확인하고, 잘못을 시인하고 진실을 고백하는 사회 분위기를 조성하는 것입니다. 그렇게 진실을 고백하고 스스로를 반성하게 되면 피해자들이 용서하게 되고, 피해자들의 용서를 통해서 사회적으로 '화해'를 이루게 되면서 과거 청산이 이루어지는 것이라 생각합니다. 과거 청산의 목적은, 곧 피해자가 용서해줄 수 있는 조건을 만들어서 '화해' 하게 하는 데 있습니다. 이것은 보수세력이 주장하는 것 같은 정치적 음모가 결코 아닙니다. 누구도 역사를 기만하거나 진실을 은폐하거나 왜곡시킬 수 없다는 것을 사회적으로 명확히 하는 것이 과거 청산입니다.

　우리 사회는 공동체적 전통과 사회적·혈연적 유대 때문에 과거의 잘못이나 개인의 불명예를 시간이 흘러도 쉽게 망각하지 않습니다. 과거사로 인한 갈등과 불화도 쉽게 해소되지 않습니다. 이런 연쇄를 단절하기 위해서는 별도의 조치가 필요합니다. 이 때문에 한국에서 타협과 화해를 위한 과거 청산 운동은 오랜 기간 끊임없이 요구되어 온 것입니다.

　역사를 만들고 사회를 이끌어가는 기본은 인간 양심과 사회 정의입니다. 이에 기초한 고귀한 희생으로 한국 사회는 20세기 후반을 다른 어느 나라에 비해서도 치열하게 엮어낼 수 있었습니다. 바로 여기에 지난 반세기 역사를 들어 자랑하고 내세울만한 가치가 깃들어 있는 것입니다.

나아가 이는 인류사적인 의의를 지닌다고 할 수 있습니다.

이제 지난 날의 희생을 기리면서 어두운 과거를 거두어야 합니다. 미래가 지향할 덕목은 양심과 정의가 생동하는 인간 사회이며 거기에 창의력의 원천이 있습니다. 인권을 위한 제도적 개혁이 미래사회의 삶의 질을 높인다는 점에 새로운 인식이 필요합니다.

과거 청산 운동은 전환기의 사회정의에 대한 문제입니다. 만일 기득권에 집착하거나 낡은 사고를 벗어나지 못한다면 사회 발전이 뒤쳐져 세계 사회에서 낙오될 수 있습니다. 과거 청산이라는 수단은 한 사회의 공동체적 기반을 파괴하지 않는 가운데 사회 전환을 효과적으로 마무리하면서, 동시에 새로운 미래를 건설할 수 있는 방안입니다. 사회 전환이라는 역사적 도전에서 진실과 화해만이 과거와 현재, 그리고 미래를 순리적으로 이어주는 대안이 될 수 있습니다.

질의 · 응답

청중 매향리문제나 이라크 파병문제를 보더라도, 우리 사회에는 미군이나 미국이 개입된 일들이 많이 있는 것 같습니다. 그렇다면 우리나라의 주한미군문제도, 그것이 과거사라면 과거사일 것이고 현대사라면 현대사일 것인데 그 일부터 청산해야 하지 않을까 하는 생각이 듭니다.

안병욱 미군이나 미국에 대한 부분을 아직은 과거사 문제로 인식하면서 문제를 제기하지는 않는 것 같습니다. 하지만 지난 60년 한국현대사는 미국과의 관계를 빼놓고는 설명이 불가능할 것입니다. 미군이 주둔하고 미국의 영향력이 강하게 작용하고 있기 때문에 지난 60년 역사를 되돌아보게 되면 과거사 정리의 수준에서 논해야 할 부분들이 많겠지요. 혹 지금은 어렵더라도 앞으로 2세대, 3세대가 지난 후 새로운 가치관이 형성된다면 역시 재평가해야 할 필요가 있다고 생각합니다. 하지만 현재 전개되고 있는 미국 관련 논의들은 과거사보다는 현실의 문제들인 것 같습니다.

청중 일제시대에 특별히 친일행위는 하지 않았더라도 그냥 방관하고 있었던 것 자체가 어차피 똑같은 친일행위를 한 것이 아니냐는 문제가 나왔습니다. 친일파 청산에 대한 기준이 굉장히 모호한 것 같습니다. 그런 것은 어떻게 구체화될 수 있을까요?

안병욱 지금 말씀하신 것처럼, 친일행위와 직접적인 관련은 없지만 방관적인 자세를 취했거나 소극적인 협조를 했다면 그 일도 일본의 침략을 방조한 것이기 때문에 떳떳하다고 할 수 없겠지요. 그러나 그런 면까지를 청산의 대상으로 삼는다면 너무 포괄적이고 막연하게 됩니다. 그런 부분들은 과거 청산이라는 측면보다는 도덕률이나 윤리적인 가치관으로 논의할 수는 있겠지요. 예컨대 히틀러의 나치 통치를 두고 그런 문제의식을 느낄 수 있습니다. 독일의 많은 시민들이 나치에 협력하거나 방관하지 않았다면 어떻게 그와 같은 나치시대가 가능했겠느냐는 것입니다. 지난 1960년대 미국이 자행한 월남전에 대해 '러셀' 등 세계적 지성인들이 '국제 전범 재판소'를 열었던 적이 있습니다. 그때 제기된 문제 가운데 하나는 직접 월남에서 전쟁을 하고 있는 미국 정부도 잘못이지만, 그런 전쟁범죄를 방관하고 있는 세상 사람들도 책임이 있다는 것이었습니다. 이는 이라크전의 경우에도 해당이 될 것입니다. 그러니까 높은 도덕률로 얘기한다면 사정이 달라지겠지만, 오늘날 사회적으로 논의하고 있는 수준은 그렇지는 않습니다. 상식적인 수준에서 이해되고 납득될 수 있는, 곧 적극적 주도적 친일

행위가 대상이라고 하겠습니다. 당시 부득이하게 일본 식민통치에 편승한 사람까지 문제를 삼자는 것은 아닙니다. 상식적으로 풀어가면 합리적 기준을 마련할 수 있을 것입니다.

청중 현재 추진되고 있는 과거사 청산, 과거사 진상 규명에 있어서, 일제시대에 그리고 이승만정권 시절 일제의 앞잡이 역할을 했던 사람들이 저지른 행위에 대해서 그저 진실을 밝힌다는 이유로 처벌의 수위를 낮추는 것은 그들과 타협을 하는 것이 되지 않을까요? 마찬가지로 조선일보도, 친일언론으로서 권력을 쥐었는데, 하다못해 조선일보의 재산 일부를 국가에서 환수해야 하는 것이 옳지 않을까 하는 생각이 듭니다.

안병욱 역사발전과 문명사적인 측면에서 좀 더 높은 차원으로 생각해야 합니다. 주어진 과제와 시대적인 역량 사이에서 현명한 조정과 타협을 통해서 '화해'가 이루어지는 것입니다. '피해자 구제'라는 측면도 과거 청산의 놓칠 수 없는 중요한 문제입니다. 그러나 피해자들이 그 동안 당한 불명예와 희생에 대해서 보복과 응징으로 심리적 만족을 채우려 한다면 이는 결코 올바른 과거 청산은 아닙니다.

아무리 흉악한 범죄, 살인사건도 15년의 '공소시효'가 있지요. 그 기간이 지나면 살인을 했더라도 그 일로 형사 처벌되지는 않습니다. 인류가 문명을 이룬 오랜 역사 과정 속에서 경험적으로 시효를 두는 것이 문명 사회를 이끌어 가는데 합리적이고 적절하다고 판단하게 된 것이지요. 고대나 중세기 같았으면 15년이 아니라 50년이 지나도, 범인이 밝혀지게 되면 처벌했을 것입니다. 그런데 일반적인 공소시효에도 불구하고 UN의 규정 가운데 반인도적 범죄, 대량살상 등 반인륜적, 반인도적 범죄는 공소시효를 배제해야 한다고 권고하고 있습니다. 왜냐하면 공소시효라는 것 때문에 6.25전쟁 때처럼 사람들을 집단적으로 학살하고 15년 동안 권력을 쥐고 있게 되면 그 다음에는 처벌할 방법이 없기 때문입니다. 이와 같은 예외적인 경우도 있지만 일반적으로는 시간이 지나게 되면 반드시 사법적으로 처벌하지 않더라도 나름대로 처벌에 준하는 징벌적인 효과가 있기 때문에 시효라는 것을 설정하는 것입니다.

하지만 과거 청산이라는 것은 사법적인 처리와는 구분됩니다. 반드시 가해자를 집어내서 처벌하는 것만이 능사가 아닙니다. 가해자든 피해자든 궁극적으로 사회적 화해를 이루기 위한 역사적 성찰을 과거 청산이라고 할 수 있습니다. 오직 피해자의 처지만을 고려할 수도 없는 또 다른 고민해야 할 여러 요인들을 감안해야 하는 어려움이 있는 것이지요. 예컨대 남아프리카 공화국에서 백인정권이 흑인들을 야만적인 인종차별로 탄압해왔고, 만델라는 30년 넘게 감옥에 갇혀 있었기 때문에 누구보다도 가장 큰 피해를 입었습니다. 그런 만델라지만 이른바 '진실과 화해위원회'라는 기구를 만들어서 그때까지의 백인들이 자행한 '흑인 인종차별 정책'에 따른 과거사를 정리했습니다. 당시 누구든지 과거 자기가 행한 잘못을 솔직히 고백하면 사면해주기로 한 것입니다. 백인 통치자를 처벌하는 것이 목적이 아니라, 과거에 그런 사실이 있었다는 것을 모든 사람들이 기억하도록 하는 것이 더 중요하다고 생각한 것입니다. 진실을 밝혀서 기억하도록 하려면, 누군가 진실을 털어놓아야 합니다. 진실을 털어놓도록 하려면 사면권이 필요했고 그런 사면권을 통해 모두가 기억해야 할 진실을 얻는 것입니다. 그렇게 남아프리카 공화국의 '진실과 화해위원회'는 목적을 달성한 것입니다.

과거 청산에서 핵심적인 것은 처벌이 아니라 '진실의 확인'이고 그 확인된 진실을 통해서 사람들이 과거의 잘못으로부터 가해자든 피해자든 벗어날 수 있도록 하는 '화해'라고 할 것입니다.

청중 친일파 재산 환수 문제에 있어서 어려움에 봉착해 있는 듯 보이는데 어떻게 해야 온전한 문제 해결이 가능할까요?

안병욱 그 문제는 "친일파 후손들이 친일의 대가로 획득한 토지의 소유권을 주장하는 권리는 원천적으로 무효다."라고 법률적으로 선언하게 되면 해결됩니다. 그런데 우리나라 법체계는 모든 가치에 우선해서 부동산 소유권을 최우선으로 보호하고 또 경위야 어떠하던 그 알량한 등기부, 땅 문서의 기록을 절대적인 증거로 취급합니다. 지난 날 송병준이 일본에 "내가 조선의 땅과 인민들과 이권을 다 줄 터이니 나에게서 조선을 사가라."고 한 적이 있습니다. 이완용이나 송병준이 나라를 팔아먹은 대가로 차지했던 땅을 찾아주는 것은 결코 사회정의도 헌법정신도 아닙니다. 앞으로 그런 부분들을 역사 자료를 통해서 명확히 밝혀내는 일이 필요합니다.

청중 과거의 진실을 밝히는 데 어려움은 없는지, 현실적 제도적 어려움이 있다면 앞으로 과거사 청산을 위해서 꼭 필요하다고 생각하시는 부분에 대해서 말씀해주십시오.

안병욱 과거의 진실을 밝히기 위해서 관련자들이 과거의 행적에 대해 진솔하게 증언해야 하고, 또 지난 날 군사정권이 혹독한 공작정치, 정보정치를 행하였는데 관계 정보기관들이 관련 자료들을 공개해야 합니다. 관련기록들을 자유롭게 접근해 이용할 수 있어야 하는데, 박정희정권 하의 중앙정보부, 전두환정권 하의 안기부, 그리고 군의 보안사령부 등이 주도적으로 공작과 탄압을 자행했으므로 그곳에 상당한 관련 문서들이 있다고 생각합니다. 이러한 문서들을 과거 청산 기구에 자유스럽게 공개해서 활용해야 진실을 밝힐 수가 있을텐데 현재로는 쉽지가 않습니다.

　의문사진상규명위원회 위원으로 국군기무사령부에 자료를 내놓으라고 항의 방문한 적이 있습니다. 그때 별을 단 어떤 참모가 "기무사령부의 자료는 누가 와도 보여줄 수 없다. 대통령이 와도 보여줄 수 없다. 대한민국이 망해도 못 보여준다." 이렇게 막말로 대답했습니다. 그래서 저는 군 사병 출신입니다만 "당신이 지금 대통령 가지고 노는 거야? 당신이 지금 달고 있는 별이 중요해 대한민국이 중요해?"라고 하며 10여 분 동안 마구 쏘아붙인 적이 있습니다만 '대통령이 와도 보여줄 수 없고, 대한민국이 망해도 보여줄 수 없다.'고 하는 것은 아마 그 사람들이 가지고 있는 대체적인 생각이 아닐까 여겨집니다.

청중 우리나라는 진보와 보수가 극한의 대립 상태에 있는데, 우리 사회가 어떻게 건강한 올바른 보수를 만들어낼 수 있을 지. 우리 사회가 서로의 장점들을 수용할 수 있을 지에 대해서 한 말씀 부탁드립니다.

안병욱 수구와 보수는 다릅니다만 건전한 보수라고 하는데 이는 무엇을 두고 하는 말일까요? 현재 우리 사회가 지켜야 할 가치가 있다면 무엇을 두고 하는 말일까요? 건전한 보수라고 할 때 대체 무엇을 지키자는 것인지, 분단체제를 지키자는 것인지, 아주 극단적이고 추하기 짝이 없는 자본주의를 지키자는 것인지, 노동자들을 비정규직이나 막다른 생존조건 하에 내몰고 있는 이런 사회제도를 지키자는 것인지. 사회 발전과 진보와 개혁을 위해서 투쟁해왔던 민중 운동과 그렇게 제기된 개혁 과제를 부정하는 어느 것도 보수해야 할 가치가 있다고 할 수는 없습니다. 어떻게 생각해도 진정한 보수가 내세울 수 있을 만한 가치는 아직은 우리 사회에서 얘기할 수 없다고 생각합니다.

우리시대 희망을 찾는 7인의 발언록

홍세화

똘레랑스와 한국 사회

자기 성숙을 위해 내면과 대화하지 않는 사람에게
스스로 우월하다고 믿게 해주는 것은
그의 소유물이며, 그가 속한 집단입니다.
이 소유물과 소속집단은 인간 내면의 가치나
이성의 성숙과는 무관하다는 공통점을 갖습니다.
물신이 지배하는 사회에서 사회구성원들은
인간의 내면적 가치에 관심을 기울이지 않습니다.
오직 '무엇을 소유하고 있나.'에만 관심을 두고
서로 비교하면서 경쟁합니다.

똘레랑스란 나와 다른 남을 다른 그대로 받아들이라는 '성찰이성의 소리'입니다. 즉, 다른 사람이 생각하고 행동하는 방식의 자유에 대한 존중을 말합니다. 그리고 다른 사람의 정치적, 종교적 견해에 대한 존중을 뜻합니다. 다시 말해 차이는 차이일 뿐이므로 그 차이를 차별과 억압, 배제의 근거로 삼지 말라는 성찰이성의 요구입니다.

똘레랑스는 라틴어 어원인 'tolerare'의 뜻이 '참다'라는 점에서 '관용寬容'이라기보다 '용인容忍'에 가깝습니다. 관용에는 남이 저지른 잘못이나 실수를 너그러이 봐준다는 뉘앙스가 담겨 있다면, 똘레랑스에는 잘못이나 실수가 아니라 '다름'이 전제됩니다. 똘레랑스는 화이부동(和而不同, 획일화하지 않으며 화평하다.)에 아주 가깝다고 할 수 있습니다. 가령 다수 종교파가 소수 종교파에게 다수파 종교로 개종할 것을 강요하지 않으며 화평하고, 다수 민족이 소수 민족구성원을 탄압하지 않으며 화평한 것을 화이부동이라고 할 때 똘레랑스와 일치한다고 말할 수 있는 것입니다.

차이는 차이로만 받아들여야 한다

나와 다른 남을 다른 그대로 용인하라는 똘레랑스의 요구는 일상생활에서 끊임없이 다름을 만나는 우리들에게 중요한 사회적 가치가 되어야 합니다. 나와 성징이 다른 사람, 사상이 다른 사람, 신앙이 다른 사람, 출생지가 다르고 문화, 언어, 피부 색깔이 다른 사람과의 관계에서 이런 차이는 차별이나 억압의 근거가 아니라 차이로만 받아들여져야 합니다. 그리고 그 차이는 어떤 이유에서건 배제의 이유가 되어서도 안됩니다.

성찰이성에 눈뜬 사람은 나와 다른 사람을 만났을 때 서로 좋은 점을 공유하려고 노력합니다. 반면에 성찰이성에 눈뜨지 못한 사람은 나와 다른 사람을 만났을 때 누가 더 우월한지를 견줍니다. 서로 비교하여 내가 우월하다는 점만 확인하려고 합니다. 똘레랑스가 성찰이성을 요구하는 까닭이 바로 이 점에 있습니다.

다름을 용인하라는 정언명령으로서의 똘레랑스는 다름을 용인하지 않고 다르다는 이유로 차별하고 억압하고 배제하는 앵똘레랑스에 '단호히' 반대할 것을 요구합니다. 모든 다름을 용인하는 똘레랑스이지만 용인할 수 없고 용인해선 안되는 것은 앵똘레랑스입니다. 인류 역사상 똘레랑스 사상이 먼저 생긴 게 아닙니다. 똘레랑스사상은 인간의 앵똘레랑스 행위에 대한 반성적 성찰에서 비롯되었습니다. 즉 앵똘레랑스의 인간 행위가 먼저 있었고 그에 대한 '반성적 성찰'로 태어난 게 똘레랑스사상인 것입니다.

똘레랑스는 평화적 공존을 지향합니다. 그러나 우리 현대사는 평화적 공존의 역사와는 거리가 멀었습니다. 우리 현대사는 일제강점, 분단과 전쟁으로 인해 앵똘레랑스로 점철돼왔습니다. 똘레랑스는커녕 인간의 기본적 도리를 지키는 일조차 버거웠던 시대였습니다. 일제침탈로 인한 민족적 상처는 올바로 아무는 대신 덧났고, 전쟁의 상흔과 학살의 기억이 아직도 살아 있습니다. 정치적으로는 극우세력의 지배가 관철되면서 집단 광기의 위험 역시 사라지지 않고 있습니다. 그래서 사람들은 집단 속에 숨거나 집단에 기대어 침묵을 지키는 것만이 온전히 살아남을 수 있는 유일한 길이라고 생각해왔습니다. 그러나 사람들은 분명히 알고 있습니다. 이 땅에서 억울한 사람들이 수 없이 죽었다는 것을. 이 땅이 학살의 땅이었다는 것을.

우리에게 있어 앵똘레랑스는 일상적인 삶이었습니다. 앵똘레랑스를 용인하고 앵똘레랑스에 침묵할 때 똘레랑스는 설 자리가 없습니다. 전쟁과 학살이 일단락된 후에도 일제 부역세력에 뿌리를 둔 지배세력은 미국을 등에 업고 좌우분단 구도에 올라타 '민족'과 '보수'를 참칭하면서 극우지배를 관철시켰습니다. 그 과정에서 국가기관은 물리력과 국가보안법을 동원하여 다름을 억압했습니다. 똘레랑스는 계속 설 자리가 없었습니다. 소수자와 약자는 다르다는 이유로, 다수파나 강자에 속하지 않는다는 이유로 차별, 억압, 배제의 대상이 되어야 했고, 똘레랑스가 없는 곳에서 소수자, 약자의 인권은 거추장스런 장식물에 지나지 않았습니다.

이러한 시대적 상황에서 국가 폭력에 기반한 권위주의 독재자들은 '빈곤에서 해방되는 것보다 더 중요한 무엇이 과연 인권 신장이냐?'는 개발독재의 논리를 강력하게 펼쳐나갔습니다. 사람들은 점차 소수자와 약자의 인권에 대해, 아니 인간성 자체에 대해 갚을 수 없는 부채의식을 물신에 몸을 맡기는 것으로 대신 채웠습니다. 마치 파우스트가 메피스토펠레스에게 영혼을 내주었듯이 사회구성원들은 물욕에 몰입하기 위해 인간성을 물신에 팔아버린 것입니다. 그리고 물신에 몸을 내맡긴 삶이 몸만 편한 게 아니라 마음까지 편하다는 점을 차차 알게 되었는지 모릅니다. 사회구성원 사이에 연대의식은 설 자리가 없어졌고, 우리는 '소수자, 약자의 인권'이란 말을 꺼내기 위해 오랜 시간을 기다려야 했습니다.

이러한 점은 이 사회에 인권의 보편적 가치를 정착시키기 위해서 똘레랑스사상이 요구되며 극우정치세력을 멀리해야 한다는 점을 확인해줍니다. 민간인 학살에 대한 진상 규명 등 과거 청산 작업이 중요한 선결 과제임은 두말할 필요가 없습니다.

'다름＝틀림'에서 똘레랑스로

우리의 헌법 제1조는 '민주공화국'을 나라의 정체성으로 규정하고 있습니다. 그러나 이것은 허울에 지나지 않습니다. 민주공화국의 구성원인 대한민국 국민이 민주공화국을 통하여 공유하는 사회적 가치를 갖고 있지 않기 때문입니다.

한국 사회에서 '민주주의'는 오랜 동안 지역 패권주의와 극우반공주의에 의해 농락당했고 공화국에 대해선 '대물림하는 왕 대신 대통령을 뽑는다.'는 것으로 논의를 마감했습니다. 나라의 정체성이 '민주주의'이고 '공화국'인데, 민주주의에 대해선 그나마 '독재'라는 실체에 맞선 민주화운동이라도 있었지만, '자유로운 시민들이 공익을 목적으로 하는 사회로서, 법에 의한 권위가 행사되는 국가'를 말하는 '공화국'에 대해선 토론 한 번 제대로 이루어지지 않고 있습니다. 우리는 공화국의 출발점인 공익성, 공공성과 그것에 바탕을 둔 사회구성원 간의 연대의 가치를 사회에 정착시키지 못했습니다. 그리고 이에 대한 문제 제기조차 부족한 형편입니다. 워낙 공공성, 공익성 확립에는 관심이 없었던 세력이 건국 초기부터 나라의 공적 부문을 온통 장악하여 그것을 사적 이익 추구의 장으로 변질시켰기 때문입니다.

공공성, 공익성만 실종된 게 아닙니다. 인류의 역사 발전 과정을 통하여 '민주공화국'이라는 제도 안에 담긴 사회적 가치들, 즉 자유, 평등, 인권, 연대의 가치들 중 그 어느 것도 제대로 공유되지 못하고 있는 실정입니다. 그리고 이기적 보신주의와 경쟁의식, 질서의식이 그 자리를 대신해 왔습니다. 민주공화국의 구성원들인 대한민국 국민에게 자유, 평등, 연대, 인권 의식을 갖도록 해야 할 교육과정이 오히려 사회 구성원 간 경쟁의식과 타율적 질서의식만을 형성시켜 왔기 때문입니다. 즉 한국의 교육과정은 나라의 정체성으로 규정한 민주공화국의 구성원을 길러내는 게 아니라 그것을 배반하는 의식을 가진 구성원을 길러내고 있는 것입니다. 그 위에 암기 위주의 교육, 주입식 교육이 주를 이룸으로써 '왜?'라는 질문을 통한 토론은 배제되고, 힘의 논리를 제어할 수 있는 합리적 이성을 키우지 못했습니다.

사회구성원들에게 합리적 이성이 결핍되고 긍정적 가치가 공유되지 못할 때, '다름'의 관계는 서로 부정하는 관계로만 설정됩니다. 공익과 진실이라는 목표를 놓고 서로 다른 의견이 합리적 논거를 통해 경쟁하는 대신에 서로가 서로를 극복해야 하는 부정의 관계로만 설정되는 것입니다. 서로 용인하는 경쟁 대상은 설 자리가 없고 내 편이 아닌 모든 사람이 극복대상이 되어버립니다. 소수자는 강자, 다수 집단에게 아주 쉬운 극복대상이 되고 인권 침해의 희생자로 전락할 위험에 놓이게 되었습니다.

사회 민주화와 더불어 약화되긴 했지만 여전히 이 땅을 지배하는 극우반공주의와 지역패권주의는 사상, 이념의 차이와 출신 지역의 차이를 차별, 억압, 배제의 근거로 삼는 강자, 다수세력의 아주 편리한 무기로 작용합니다. 경남 합천의 일해공원처럼 시민들의 휴식 공간인 공원의 이름에 학살자의 호를 붙이기도 합니다. 지역패권주의가 출신 지역의 '다름'의 관계를 '적대적 우열' 관계로 환치시켜 다른 지역 출신을 '묻지 마' 식으로 차별하고 배제하도록 한다면, 극우반공주의는 국가보안법의 예를 통해 알 수 있듯이 나와 다른 사상을 가진 사람들을 배제, 억압하며 사람들에게 그러한 배제와 억압에 동의할 것을 강요하고 있습니다. 즉, 동의하지 않는 것은 부정하도록 요구하고 있습니다.

이와 같은 이분법적 사고는 '다름=틀림'의 등식을 강고하게 했습니다. 우리는 사회 생활 속에서 '같다'의 반대말인 '다르다'와 '옳다'의 반대말인 '틀리다'를 뒤섞어 사용합니다. 잘못임을 알고 있는 사람들조차 일상생활에서는 그 잘못을 고치지 않고 계속 사용하고 있을 만큼 일상화되어 있습니다. 이와 같은 '다름=틀림' 등식의 내면화는 사회구성원들이 '자유'의 반대를 '불안'이나 '무질서'로 반응하는 것과 같은 구조를 만듭니다. 사회구성원들에게 '자유'의 반대가 무엇이냐고 물으면 '억압'이라고 정답을 내놓기도 하지만, 실제생활에서는 자유의 반대가 마치 '불안'이나 '무질서'인 양 반응하여, 사회적 약자나 소수자의 사회 정의와 인권 요구를 안보와 질서의 이름으로 억압하는 데 동의합니다. 분단상황을 이용한 기득권세력이 자유를 주장하기보다 자유세계를 지킨다는 명목으로 안보의식, 질서의식을 강조한 데서 비롯된 결과입니다.

'다름=틀림'의 등식은 사회구성원에게 옳은 내(우리) 편과 틀린 네(너희) 편의 가름을 추동하고 나(우리)와 너(그들) 사이의 다름의 관계를 '옳고/그름', '우/열'의 관계로, 나아가 '선/악', '정상/비정상'의 적대적 관계로까지 증폭시킵니다. 결국 소수자, 약자는 소수자, 약자라는 그 자체로 앵똘레랑스의 대상, 인권침해의 대상이 될 수 있습니다. 그 위에 '까라면 까.'식의 군사문화가 상징하는 힘의 논리가 관철되면서 옳은 나(우리 편)와 틀린 너(너희 편)를 전제하는 '다름=틀림'의 등식이 더욱 강력하게 자리 잡고, 집단에 기댄 이기주의자들이 양산되고 있습니다. 한편으론 자기성숙의 모색을 위한 긴장을 다수, 강자 지향의 패거리주의의 품 속에서 이완시킴으로써 사회 문화적 소양을 함양하지 않도록 작용합니다. 옳은 나(우리 편)를 전제하는 '다름=틀림'의 등식이 타자만을 대상화함으로써 자아를 성찰 대상으로 삼지 않도록 작용하는 것입니다. 이것은 획일적 문화를 강화함으로써 소수자에 대한 반인권적 토양을 만듭니다.

　소수자, 약자의 인권 신장을 위해서도, 사회구성원들이 자기 성숙의 모색을 위한 긴장을 위해서도 우리는 이 '다름=틀림'의 등식을 허물지 않으면 안됩니다. 똘레랑스사상은 우리의 '다름=틀림'의 등식을 허물기 위한 적절한 무기가 될 수 있습니다. '다름=틀림'의 등식이 불러일으킨 인간 행위에 대한 반성적 성찰이 낳은 게 바로 똘레랑스사상이기 때문입니다.

　사람은 자기와 아주 똑같은 사람이 이 세상에 존재한다는 것을 상상만으로도 끔찍스럽게 여깁니다. 그렇다면 사람들이 자기와 다르다는 점에 안도하면서 그들을 반겨야 할듯한데 그러지도 않습니다. 지상의 꽃들은 스스로 자신의 아름다움을 드러낼 뿐 시샘하지 않습니다. 그러나 사람은 자기와 비슷한 사람을 만나면 차이를 찾으려 애쓰고, 자기와 다른 사람을 만나면 자기와 같지 않다고 문제를 제기합니다. 이와 같은 이중성은 남에 비해 자기가 우월하다는 점을 확인하면서 만족해하는 인간의 저급한 속성에서 비롯된 것입니다. 성찰이성의 빈곤으로 인한 자기 우월성을 확인하며 스스로 만족해하는 저급한 속성은 이러한 속성을 정치적 영향력의 바탕으로 삼는 정치환경과 결합되어 필연적으로 나와 다른 남을 차별, 억압, 배제하도록 작용합니다.

　성찰이성에 눈뜬 사람은 나와 다른 사람, 나와 다른 문화를 만날 때 서로 장점을 주고받으려고 노력합니다. 또 어제의 나보다 오늘의 내가, 오늘의 나보다 내일의 내가 더 성숙하기를 기대하며 자신의 내면과 대화하고 싸워나갑니다. 그러나 성찰이성에 눈뜨지 못한 인간은 자기완성이나 자기성숙을 위해 노력하는 대신에 남과 비교하고 스스로 우월하다는 점을 확인하기 위해 애쓸 뿐입니다. 어제도 오늘도 내일도 남보다 내가 우월하다는 점을 의식적, 무의식적으로 확인하려고 하며 남과 견줄 뿐입니다.

  자기 성숙을 위해 내면과 대화하지 않는 사람에게 스스로 우월하다고 믿게 해주는 것은 그의 소유물이며, 그가 속한 집단입니다. 이 소유물과 소속집단은 인간 내면의 가치나 이성의 성숙과는 무관하다는 공통점을 갖습니다. 물신이 지배하는 사회에서 사회구성원들은 인간의 내면적 가치에 관심을 기울이지 않습니다. 오직 '무엇을 소유하고 있나.'에만 관심을 두고 서로 비교하면서 경쟁합니다. 우리 조상은 "곳간에서 인심 난다."는 말씀을 남겼지만, 오늘날엔 통하지 않습니다. 보릿고개가 있었던 옛날에 비해 한국 사회의 곳간에 재물이 차 있지만 사람들은 옛날에 비해 여유 있는 인심을 보이기는커녕 더 야박해졌습니다. 불확실한 미래에 대한 불안 심리가 작용하지만, 경쟁의식이 더욱 심하게 작용하기 때문입니다.

사람은 합리적 동물이 아니라 합리화하는 동물

  오늘도 사회구성원들은 "당신의 능력을 보여주세요.", "대한민국 1%

의 힘" 따위의 광고를 바라보면서 소유를 위해 살아갑니다. 남보다 많이 소유하면서 만족해하는 인간의 속성을 겨냥하고 있는 이런 광고에 대해 우리 사회의 구성원들은 거부감이나 위화감을 느끼지 않고 있습니다. 이런 광고를 일상적으로 보면서 자라나는 청소년들이 어떤 가치관을 가질 것인지에 대한 문제 제기조차 찾을 수 없을 만큼 이 사회의 물신주의는 공격적인데, 소비 능력이 없거나 부족한 사람들은 박탈감을 느끼는 정도에서 머물지 않고 아예 사람 대접을 받지 못하고 있습니다. 가난한 사람, 쪽방촌에 사는 사람에게 "당신이 사는 곳이 당신이 누구인지 말해줍니다."는 그 자체로 저급한 폭력입니다. 선망에 빠져 인간성이 훼손된 것조차 인식하지 못하게 된 것입니다.

　가난이 죄가 되는 사회에서 내놓을 학벌도 없고 내세울 집안이 없는 빽 없는 사람들은 경멸과 차별의 대상이 됩니다. 가난한 자, 장애인, 여성, 동성애자, 외국인 이주노동자는 손쉬운 차별의 대상입니다. 가진 자, 비장애인, 남성, 이성애자, 내국인의 우월성을 확인시켜주는 도구일 뿐입니다. 소유물에 집착하는 사람일수록 자신이 속한 집단의 우월성에 집착하는 경향을 갖습니다. 게다가 사람은 합리적 동물이 아니라 합리화하는 동물입니다. 차이를 차별, 억압, 배제의 근거로 하지 말라는 똘레랑스의 요구를 받아들이는 대신에 차이를 우/열, 정상/비정상, 선/악으로 구분하여 차별하고 억압하고 배제하는 것을 정당화합니다. 내가 속한 집단은 항상 옳거나 정상이고 남이 속한 집단은 항상 그르며 비정상이라고 봅니다. 소수자, 약자 집단은 소수자 약자라는 이유로 '틀린' 집단으로 규정되고 사회에서 배제, 추방되거나 차별의 대상이 되어 버립니다. 소수자, 약자는 다수, 강자 집단의 우월성을 확인하기 위해 필요한 존재일 뿐입니다.

일상생활 속에서 다수를 차지하는 이성애자들은 성적 소수자들을 억압하거나 차별합니다. 성적 소수자들은 그렇게 태어난 존재일 뿐이건만 이성애자들은 성적 소수자들에 비해 자신이 '정상'이라는 우월성을 확인하며 성적 소수자들을 억압하거나 차별하는 데 동의하는 것입니다. 성적 소수자들은 사회에 따라 그 비율이 4~12퍼센트로 나타난다고 합니다. 세계에서 동성애자들의 결혼권이 주어진 나라는 네델란드, 벨기에, 캐나다, 스페인입니다. 그 외에 많은 나라들이 결혼권은 아니지만 동거권을 주어 법적으로 보호하고 있습니다. 그러나 우리나라의 성적 소수자들은 법적 보호에서 완전히 배제되어 있습니다.

이성애자들이 이성애를 스스로 선택한 것이 아니듯이, 성적 소수자들은 그렇게 태어나는 존재일뿐 스스로 선택한 게 아닙니다. 무릇 잘못된 행동이나 발언에 대해서는 비난할 수 있으되 존재에 대해서는 비난할 수 없는 법이지만 성적 소수자들을 소수라는 이유로 비난을 하며 배제합니다. 이 사회에서 성적 소수자들은 자기의 성적 정체성을 스스로 부정하라는 사회적 폭력 앞에 놓여 있습니다. 그런 성적 소수자들을 낳은 사람은 이성애자입니다.

지하철에서 옆자리에 앉은 동남아 출신 이주노동자에게 "어이, 그래 한 달에 얼마 벌어?"라고 거리낌 없이 반말을 건네는 내국인들에겐 분명이주노동자들에 대한 우월감이 담겨 있습니다. 개인적으로는 내놓을 장점이 없는 사람일수록 우월한 집단에 귀속된다는 점을 애써 강조하는 경향을 지닙니다. 여기에 인종적 편견과 차별의식이 번질 위험이 도사리고 있습니다.

세계를 떠다니는 인간 부초들, 이주노동자들이 이 땅에 정주하면 안 된다는 정부 당국자의 발상에는 단일민족, 혈통 보존이라는 전근대적 사고 이외에 제3세계 출신 이주노동자들에 대한 차별의식이 분명히 자리 잡고 있습니다. 동남아시아나 아프리카의 제3세계 사람들에 대한 한국인의 우월감은 백인들에 대한 비굴한 태도와 동전의 양면을 이룹니다. 실제로, 제3세계 사람들에 대해 우월감을 표시하는 사람일수록 비굴할 정도로 제1세계와 백인을 선망합니다. 이주노동자들에겐 자신의 우월함을 확인하기 위해 은근한 친근감을 드러내는 척하는 게 고작이지만, 백인에게는 받는 것도 없이 간까지 내줄 양 친절을 베풉니다. 그러한 점은 미국에게는 마냥 '바치기'를 하면서도 아무런 문제의식을 느끼지 못하는 반면, 굶주리는 북한에 대해서는 '퍼주기'라고 떠들어대며 부화뇌동하는 모습과 상통합니다. 이 땅은 우리가 우리 조상에게서 물려받은 게 아닙니다. 우리 자손에게서 잠깐 동안 빌렸을 뿐입니다. 우리 자손은 이 땅에서 미등록노동자들의 후예를 제외시키라고 요구하지 않았습니다.

똘레랑스는 공존의 미학

단군상의 목을 친다거나 아무런 이유 없이 사찰에 페인트칠을 하는 행위는 반이성적 행위임에 분명합니다. 이는 나와 다른 신앙을 받아들이지 않는 정신 자세가 불러일으킨 것입니다. 루소가 말한 "자기가 믿는 모든 것을 믿지 않으면 선의의 인간이 될 수 없다고 생각하고 자기와 똑같이 생각하지 않는 모두에게 냉혹한 저주를 내리는 앵똘레랑스한 사람"의 전형적인 모습을 보여줍니다. 몽테뉴는 "진리를 지킨다고 열의를 보이는 사람들은 실상 자기애와 오만을 보이는 것"이라고 말했으며, 존 로크 역시 "견해를 달리하는 사람들을 자신의 견해에 동의하도록 강제하는 것은 자부심과 자만심에서 나온다."고 말했습니다.

특히 신앙의 다름은 사람들에게 나와 너의 관계를 우월관계보다 선악관계로 증폭시키는 위험을 안고 있습니다. 나는 '선'인데 너는 '악'이라는 것입니다. 이러한 선악 구분은 사회구성원들의 이성의 성숙단계가 낮을 때 사상의 다름에 대해서도 똑같이 나타납니다. "내 사상이 옳고 너의 사상이 그르다."에서 멈추는 것이 아니라 "내 사상은 선인데 너의 사상은 악"으로 발전합니다. 악은 이 사회에서 없어져야 한다면서 감옥에 가두거나 죽음을 강요합니다. 국가보안법은 이 점에 대한 성찰을 요구합니다. 국가보안법이 현존한다는 것은 한국 사회에 사상적 반신불수 상태에 있는 사람이 적지 않다는 것과 그만큼 사회구성원들의 성찰이성의 성숙단계가 아주 낮은 데 머물러 있음을 증언하는 것입니다. 양심에 따른 병

역거부를 용인하지 못하는 것도 마찬가지입니다.

"나는 당신의 견해에 반대한다. 그러나 나는 당신이 그 견해를 지킬 수 있도록 끝까지 싸울 것이다." 18세기의 계몽사상가 볼테르의 이 말은 나와 다른 사상에 대한 똘레랑스를 상징적으로 말해줍니다. 나와 반대되는 견해를 가진 사람을 죽이거나 감옥에 처넣기 위해 끝까지 싸우는 게 아니라 그 견해가 지켜질 수 있도록 끝까지 싸우겠다는 그의 선언은, 나와 반대되는 의견을 없애려고 노력하는 한국 사회, 즉 국가보안법을 갖고 있는 우리에게 왜 그래야만 하는가라는 물음을 제기합니다. 볼테르는 이렇게 답합니다. "우리들의 부싯돌은 부딪혀야 빛이 난다."라고. 즉 서로 다른 견해가 표현되어 부딪힐 때 진리가 스스로 드러난다는 것입니다. 다시 말해, 나와 다른 견해를, 다르다는 이유로 없애려고 하는 것은 내 견해의 정당성을 밝히기 위해서도 옳지 못한 행위가 됩니다. 17세기 인문주의자인 바나주 드 보발은 "견해의 대립을 통해 이성을 눈뜨게 하지 않으면 인간을 오류와 무지로 몰아가는 자연적 성향이 지체없이 진리를 이기게 된다."고 했습니다. 이 말은 21세기 초 한국 사회의 모습을 설명해주고 있는 게 아닐까 생각합니다.

유럽 땅에서 나와 다른 남을 다른 그대로 용인하라는 똘레랑스사상은 16세기에 같은 하나님의 자식이면서 신/구교로 분열되어 서로 잔인하게 죽이고 전쟁을 일으켰던 인간 행위에 대한 반성적 성찰의 산물에서 비롯된 것입니다. 우리는 20세기에 같은 민족이면서 사상과 체제가 다르다는 이유로 서로 잔인하게 죽였고 전쟁을 일으켰습니다. 그러나 우리는 여전히 상대방을 탓하거나 냉전 상황 탓을 하고 있을 뿐입니다. 다르다는 이 유로 인간이 얼마나 잔인해질 수 있으며 집단적 광기에 몸을 맡길 수 있는가에 대한 반성적 성찰이 아직도 부족한 것입니다. 우리는 나와 다른 사상, 나와 다른 신앙과 양심을 가진 사람들에 대한 인권 침해에 기꺼이 동의하거나 무관심으로 방관해왔습니다. 근본주의와 극단주의는 항상 집단적 광기의 위험을 안고 있습니다. 무관심과 방관은 집단적 광기에 대해서도 무관심과 방관을 낳습니다. 이 사회에서 차이는 차별의 징검다리 없이 곧바로 인권 침해를 불러왔다고 말할 수 있을 것입니다.

지역패권주의는 이 사회의 이성의 성숙단계가 얼마나 낮은가를 알게 해줍니다. 사람은 누구나 누워서 죽을 자리는 선택할 수 있으나 태어나는 자리는 선택할 수 없습니다. 그럼에도 이 사회에서는 지리산의 이 자락에서 태어났느냐, 저 자락에서 태어났느냐는 대단히 중요하고 심지어는 일생 동안 따라다니는 천형처럼 받아들여지기도 합니다. 오늘날 한국 사회에서 "너, 전라도사람이지?"가 "너, 유태인이지?"에 버금가는 폭력임을 부인할 수 있을까요? 성징의 차이에 대해 그러하듯이 선택할 수 없는 출생지의 차이에 대해 시비를 걸고 배제할 수 있는 사회에서 각자가 선택하는―비록 사회화과정을 통해 규정된다고 하더라도―사상과 신앙의 다름에 대한 시비 걸기와 차별은 당연한 일일 것입니다.

한국 사회의 고질적인 병인 지역주의를 극복하고 분단을 극복하기 위해서도 나와 다른 사상, 체제, 이념, 신앙, 출생지, 성징, 피부색을 다른 그대로 받아들이라는 똘레랑스사상은 중요한 사회적 가치로 정착되어야 합니다. 그럴 때 획일적 사회에서 다양성이 존중되는 사회로 변하게 될 것입니다. 똘레랑스는 공존의 미학이며 기본적 인권 보장을 위한 일차적 조건인 동시에 문화 국가를 지향하기 위한 전제인 것입니다.

우리시대 희망을 찾는 7인의 발언록

유초하
한국사상사의 주체적 조명

오늘의 현실은 오늘을 살아가는 사람들이 창조해낸 것이 아닙니다.
현실을 구성하는 오늘의 우리 자신 또한
우리 자신이 창조해낸 것이 아닙니다.
현실은 과거 역사를 살아간 사람들이 남긴 유산을 바탕으로
현재를 살아가는 우리가 형성하는 것이며,
미래의 자산으로 누적됩니다.
오늘의 현실은 미래의 역사로서 미래현실의 규정요인으로 작용합니다.
현재 우리가 직접 느끼고 꼬집어낼 수 없다고 하더라도
우리 속에는 경제, 정치, 문화의 각 영역에서 이어져온
역사적 동인들이 숨쉬고 있습니다.

역사적으로 한국인의 의식을 점유해온 사상 요소에는 어떤 것들이 있을까요? 전통적 한국사상 가운데 중요한 것으로 흔히 유儒, 도道, 불佛의 세 가지 종교三敎사상을 꼽습니다. 그리고 이들 세 가지 외에 신명神明 또는 무속사상을 보태어 한국의 전통문화는 네 가지 사상을 줄기로 이루어져 있다고 말하기도 합니다.

현대에 와서도 한국인들의 사유의식 속에는 자연친화, 조상숭배, 귀신숭배, 친족윤리, 공동체화합, 선행지향, 악행축출 등 다양한 요소들이 얽혀서 공존하고 있습니다. 이들 요소는 대체로 유儒, 도道, 불佛, 무巫의 사상에 서로 다른 색채를 띠면서 녹아들어 있습니다. 그러나 이들 전통사상 요소들은 해방 이후 서양문화의 유입과 성행에 따라, 특히 1960년대 이래 근대화의 물결 이후 퇴조해왔습니다.

전통사상 중 영향이 가장 큰 것은 유교 - 유학

중세 이전 한국사상의 전통 요소들은 서로 명백히 구별될 뿐 아니라 매우 심각한 대립과 투쟁을 벌여왔습니다. 한국사상사의 흐름과 관련짓기 이전에 유교, 불교, 신명사상은 원천적으로 서로 다른 환경에서 배양

되었고, 한국사의 서로 다른 시기에 서로 다른 계급과 계층에게로 전파되고 계승되었습니다. 유교와 비슷한 발생 환경을 지니고 있는 도가-도교사상을 포함하여 다양한 전통사상 유파들은 각각의 발전과정에서 정치, 문화적으로 서로 다른 지향을 드러냈습니다.

이런 맥락에서 볼 때 현대 한국의 문화적 정체성을 밝히고 미래적 문화 정체성을 모색하기 위해서는 이들 네 가지 전통사상 유파의 공통성과 함께 차별성 또한 중요하게 다루어야 한다고 봅니다. 오히려 공통성보다는 차별성에 더욱 큰 비중을 두어야 할 것입니다.

그러면 이처럼 서로 다른 다양한 전통적 사상 요소들 가운데 가장 중요한 것은 무엇일까요? 네 가지 사상유파 중 유교-유학, 도가-도교, 불교 등이 모두 외래사상임에 비해 샤머니즘 내지 신명사상은 외래사상 유입 이전부터 전승되어온 우리의 고유문화입니다. 그러나 상고시대=청동기시대에 한국인들의 의식을 주도하고 지배했던 고유사상으로서의 신명사상은 철기의 일반화와 중앙집권적 고대 국가의 성립-발전과 더불어 시대적 요구에 부응하지 못하는 이데올로기로 변모했고, 중세 후기로 갈수록 낮은 위치로 전락했습니다.

오늘날 많은 사람들이 고유사상을 '무속'이라고 부르게 된 연유도 이러한 역사적 사정 탓이 큽니다. 신명사상은 상대적으로 강한 합리성과 현실 적합성을 갖춘 외래사상들에게 생활지침과 정치규범으로서의 헤게모니를 차츰 양도하게 되었습니다.

현재의 시점에서 볼 때 전통시대 한국사상 가운데 역사적 비중이 가장 큰 것은 유교-유학이라고 볼 수 있습니다. 대한민국 정부 수립 이후 현대의 시점에서 가장 중요한 과거 역사는 바로 조선시대였습니다. 과거 중에서 현재에 가장 가깝고, 따라서 현대의 삶에 끼친 영향이 크기 때문입니다. 조선왕조는 처음부터 마지막까지 유교사상에 지배되었고, 그 영향은 그 이전 시대의 문화유산들에 비해 현대의 사유의식과 생활양식 그리고 문화행태에 가장 많이 남아 있습니다.

이런 점으로 볼 때 한국사상사-한국문화사에서 가장 중요한 사상 요소는 유교입니다. 유학은 한국사상사에 유입된 이후 교육, 역사서술, 문학창작 등 한국적 삶의 다양한 영역에 영향을 주었으며, 개인의 일상과 국가 운영의 지침, 규범, 원리로 기능했습니다.

13, 14세기에 이르면 이제 외래문화라기보다 고유사상과 다름없는 토착사상이라고 해야 할 정도로 민족사의 진행과 밀접한 관계를 이루게 되었습니다. 현대에는 고유사상이 삶의 지침으로서 우위를 지키는 나라는 별로 없으며, 설사 있다고 해도 바람직한 것은 아닙니다. 또 고유사상이 있어야만 그리고 그 고유사상이 해당 역사 주체들의 현재적 삶을 이끌어 갈 만한 철학적 내용을 담고 있어야만 제대로 된 문명국이 될 수 있는 것도 아닙니다. 만일 그렇다고 한다면 이 지구상에서 중국, 인도, 그리스 이외에 문명국을 발견하기가 매우 어려울 것입니다.

그러나 전통사상 요소 가운데 유학이 가장 중요하다는 점이 다른 요소들이 홀시되어도 좋다는 것을 의미하지는 않습니다. 불교나 신명사상 또한 조선시대 말기에 이르기까지 유학과는 다른 영역에서 다른 방식으로 역사적 한국인의 삶에 의미 있게 개입해왔습니다. 한국사상사를 살펴보면 다양한 유파의 사상들이 시기별로 비중의 차이를 달리하면서 주도권 경쟁을 펼쳐왔다는 것을 잘 알 수 있습니다.

한국사에서 근대화를 향한 자생적 각성이 일어나는 18세기 이전의 시기에는 철학이론으로서의 체계적 합리성, 삶의 지침으로서의 적실성, 세계를 바라보는 관점으로서의 포괄성을 아울러 갖춘 대표적인 사상은 바로 성리학性理學이었습니다. 그러나 불교와 고유사상은 성리학의 이론과 규범이 힘을 쓰지 못하는 영역에서 인민의 삶에 영향을 주었습니다.

오늘날에도 무속을 포함한 신명사상, 민간신앙 측면의 불교는 의학, 약학을 포함한 서양과학 못지않게 한국인들의 의식세계를 점유하고 있습니다. 민주주의가 사회 운영의 원리로 수용되고 개인적 삶의 영역에서 합리성과 효율성이 고도로 발달한 이 시대에도 비합리적인 것이 받아들여지는 삶의 공간이 존재하기 때문입니다. 그리고 조금만 주의 깊게 관찰한다면 우리 국가-민족 사회에서 다수 구성원에 대한 경제, 정치권력의 지배가 여전히 비합리적인 방식으로 관철되고 있는 현상을 쉽게 목격할 수 있습니다.

끈질긴 생명력을 가진 고유사상인 신명사상

고유사상으로서의 신명사상이 지녀온 역사적 지위에 관해서는 두 가지 방향의 올바른 이해가 요구됩니다.

우선, 고유사상으로서의 신명사상은 대체로 4~13세기에 걸친 역사 시기 동안 유교나 불교 등 외래사상에게 주도사상으로서의 지위를 넘겨줍니다. 통일신라 때까지만 해도 유교, 불교에 비해 후한 대접을 받았던 고유사상인 신명사상은 10세기 고려 이후 뚜렷이 약화됩니다. 이는 역사의 이행과 함께 외래사상이 고유사상에 비해 사회 규율 기능에서 우월한 지위를 점하게 되었다는 것을 의미합니다. 개인의 삶을 계도하고 국가권력을 운영하는 데에서 불교나 유교는 고유사상보다 큰 설득력을 발휘했던 것입니다.

고유사상은 청동기시대의 오랜 역사시기에 걸쳐 자연스럽게 축적된 공동의식, 집단무의식이 형성한 삶의 태도와 방식에 대응하는 자연 친화, 신명 숭배, 공동 선지향의 정신으로 기능했습니다. 그리고 유교는 공자, 맹자, 순자에 이르는 많은 현자들의 성찰을 거쳐 개인과 공동체를 아우르고 자연과 인간, 문화를 연관 짓는 체계적 규범으로 발전해 왔습니다.

한편 불교의 경우는 석가에서 용수에 이르는 천재적 두뇌들의 치밀한 사유를 거쳐 존재와 운동, 물질과 정신, 유한성과 무한성을 아우르는 통일적 관념체계로 발전하게 됩니다. 이렇듯 외래사상으로서의 유교와 불교는 세련된 학문적 체계를 이룩한 상태에서 그에 상응하는 사회 문화적 기능을 수행함으로써 10세기 이후 학문체계와 현실대응의 양 측면에서 더욱 발전해나갑니다.

이에 비해 고유사상은 청동기형 국가 이래 신라 말 10세기 초까지 국가 권력 운영의 일정한 몫을 누리기는 했지만, 그 지위에 상응하는 동시에 외래사상들의 발전에 대응하는 수준의 체계적 통일성을 이룩하지는 못했습니다. 그리하여 삼국시대 중반에서 고려시대 중후반에 이르기까지 고유사상은 시간이 지날수록 유교나 불교로 대표되는 외래사상들에 비해 상대적으로 열등한 지위에 놓이게 된 것입니다.

다음으로, 고유사상＝신명사상은 유교, 불교가 지배적 이데올로기로 등장하기 이전의 역사시기 뿐 아니라 그 이후의 역사시기에도 상대적으로 미약해진 상태로서나마 오랫동안 문화적 관성 내지 잔여로서 끈질긴 영향력을 발휘해왔습니다. 이것이 고유사상을 올바르게 이해하는 두 번째 논점입니다.

13세기 이후 왕성하게 발전한 성리학은 그 이전 역사 상황에서 불교와 유교가 공통으로 지녔던 사회 사상적 한계를 극복하고자 10세기 이후 새롭게 등장한 현실철학이었습니다. 불교는 개인생활에서의 심적 안정은 제공했지만 사회 정치적 문제에 개입하고 참여하는 데 미온적인 점이 있었습니다. 유교는 과거제 도입 이후 출세의 통로로 작용함으로써 심층철학과 비판정신이 미약했습니다.

이들에 비해 성리학은 고려 후기 현실에서 토지, 신분, 종교, 국제관계 등 여러 모순이 발생하자 이들 문제를 해결하고자 13세기 이후 새롭게 등장한 실천사상이었습니다.

고려 중기 11세기가 되면 오랜 인문적 통치文治로 인해 유교-유학은 뜻풀이와 글짓기 위주의 과거 지향적 학문으로 떨어짐으로써 현실주도의 경학적 관점을 상실합니다. 고려 후기 13세기가 되면 당시까지 중민衆民[1]의 의식 속에 강한 호소력을 지녔던 불교 또한 현실개혁 실천력의 한계로 말미암아 지도력을 상실하게 됩니다. 혁신적 신흥 유학인 성리학은 종래 유학에 제대로 담겨 있지 않았던 인간과 우주자연의 본성, 구조, 역동에 관한 치밀한 이론을 새롭게 보탭니다.

또한 성리학은 불교와 도교에 대해 철학적 경쟁력을 갖추면서 동시에 불교와 도교에는 미약한 형태로 담겨있는 윤리적 실천규범에 대한 형이상학적 근거를 제시하면서 정치적 대항력을 갖추게 됩니다. 성리학은 고려말 14세기를 통해 꾸준히 확산되었고, 조선왕조의 개창이라는 혁명적 상황으로 이어지면서 명실상부한 지배 이데올로기가 되었습니다.

이러한 역사적 추세와 관련하여 유념할 사실이 있습니다. 그것은 외래사상으로서의 유교가 4세기의 태학 설립이나 10세기의 과거제 시행과 더불어 곧바로 주도적 지위를 차지한 것이 아니었다는 것입니다. 다시 말해 고유사상은 15세기 이후 성리학적 합리성에 입각한 강력한 종교배척이 있기 전까지는 여전히 민족사의 이데올로기적 동력으로 작용하고 있었습니다.

나아가 문화사적 정체성을 고유사상의 전통에서 찾고자 하는 신명사

---

[1] 여기서의 '衆民'은 '民衆'과 필자 나름의 용례에서 구별된다. 후자는 봉건적 체제·제도원천적 한계를 뚫고 한국사적 근대를 일으키는 주체로서 등장하는 18세기 이후의 인민을 가리키며, 전자는 정치·문화적 객체의 지위를 떨치지 못한 17세기 이전의 인민대중을 가리킨다. 참조: 유초하, 1987, 「한국사상을 어떻게 볼 것인가」, 『민족문화연구』, 「한국사상사의 인식」, 한길사, 1994에 전재.

상은 성리학이 공식적 정통성을 누리게 된 이후의 조선시기 전체를 통해서도 면면히 살아남았습니다. 심지어 과학적 사유가 삶의 현장에 깊숙이 들어앉아 있는 오늘날까지도, 신명을 섬기는 고유사상적 태도는 다양한 비공식적 문화의 영역에서 상당히 활발하게 잔존하는 모습을 보여줍니다.

우리 고유사상에 대한 위축된 태도

고려 이후 유교나 불교는 고유사상보다 우월한 지위에서 민족사 주체들의 삶에 적극 개입하여 삶의 방식을 바꾸어 나갔으며 역으로 민족사 주체들의 삶에 적응하여 스스로를 변모하고 변용되었습니다. 그래서 유교와 불교는 민족사상으로서의 지위를 지녀왔고, 또 민족문화 정체성의 중요 요소로 존속해왔습니다. 그러나 고유사상이 역사의 이행에 따라 외래사상보다 후진성을 띤다고 해서 그 고유사상을 철저히 부정하고 박멸하는 것이 발전임을 의미하는 것도 아닙니다.

수천 년의 긴 역사시기 동안 축적·형성·보존된 문화요소라면 그만큼 그 역사주체와 어울리는 측면이 있게 마련입니다. 문화의 교섭과 발전은 한쪽의 일방적인 승리나 대체로 이루어지기보다는 상호역동을 통해 서로 삼투·확산·혼합·화합함으로써 이루어지는 것이기 때문입니다.

대체로 9세기까지 고유사상=신명사상은 이론철학적 짜임새의 측면에서 볼 때는 상대적으로 열등한 상태이긴 했지만 현실지배의 주도세력과 짝해왔으며, 오늘에 이르기까지 나름대로 끈질긴 생명력을 발현하고 있습니다. 유가·불교에 대한 신명사상의 상대적 열등성 또한 특별히 강조할 만큼 뚜렷한 것도 아닙니다.

여기서 두 가지의 예가 우리의 이해에 도움이 됩니다. 먼저, 한국 땅에 있는 불교사찰 치고 고유사상과의 접맥 내지 타협의 자국을 지니지 않은 곳은 거의 없습니다. 아주 최근에 지어진 순수 불교도량이 아닌 한 모든 절에는 원칙적으로 예외 없이 삼신각三神閣, 삼성당三聖堂, 산신각山神閣, 영산각靈山閣, 칠성각七星閣이나 그 비슷한 이름의 건물이 있습니다.

또한 중요 사찰의 대웅전 가운데는 주추나 기반석이 거북이나 용과 같은 동물의 형상을 하고 있는 경우가 적지 않습니다. 이들은 모두 절이 지어진 최초 시기에 고유신앙과의 제휴나 타협을 이룬 자국입니다.

아울러 지적하고 싶은 것은 오늘날 한국인들이 보이는 신앙행태에는 많은 경우에 공통되는 원천적 특성이 발견된다는 점입니다. 절간에서 염불하거나 예배당에서 기도하거나 집 마당에서 정화수를 떠놓고 절하거나 간에 모두 비슷한 심성적 태도로 임합니다. 이들은 자신이 믿는 종교의 교리를 철학적으로 탐구하거나 그 종교 내부에서 일어난 교리상 변화들의 현실적 의미를 구명하려 하기보다는, 나와 내 가족의 행복과 복록을 희구합니다.

여기서 우리는 "개똥밭에 굴러도 이승이 좋다."라는, 건강할 수 있는 현세주의적 태도를 읽을 수 있습니다. 어떤 종류의 저승이나 귀신들에 대해서도 이승세계를 버리고 나아가야 할 이상세계로 보거나 인간이 절대적 헌신으로 섬겨야 할 존재로 떠받들기를 거부하지는 않는다 하더라도 주저한다는 것입니다.

즉 귀신이나 저승에 대해 인간을 돕는 지원자, 또는 이승을 위한 의지처로 상정하는 경향이 강하다는 것입니다.

여기서 우리는 한국사를 이해하고 해석하는 데에서 역사학계가 보여 온 지나치게 위축된 태도 한 가지를 확인할 수 있습니다. 한국사상이라고 하면 흔히들 유儒, 불佛, 선仙 또는 유儒, 도道, 불佛의 세 가지 종교三敎사상을 가리키는 것으로 이해하고 있습니다. 맞는 말입니다. 그러나 지나쳐서는 안될 중요한 사실이 있습니다. 여기서 말하는 '선' 사상은 상고시대 한국사의 사상전통을 계승하는 다양한 변이태로서 의미를 지닌 것이며, 중국에서 유입된 도교사상이 아닙니다. 한漢나라 시대에 발생한 중국의 도교는 그 연원이 중화족 자체 문화에 있었던 것이 아니라 동북아의 무속적 신도神道의 전통을 흡수한 신선방술을 사상적 연원 내지 모태로 발생한 것입니다.[2]

한국사의 맥락에서 볼 때 7세기 이후 당나라에서 수입된 것으로 나타나는 중국 도교는 당시 삼국의 인민생활에 크게 영향을 끼친 것이라고 볼 수 없습니다. 그 원천에 있어서는 유입된 것이라기보다는 오히려

---

2) 卿希泰, 『中國道敎思想史綱』, 成都, 四川人民出版社, 1981, 31~55쪽.

유출된 것에 가깝습니다. 대개의 통사적 연구들이 조선시대까지 한국인의 의식에 주요한 위치를 점유해온 것으로 평가하는 '도교'란 실제로는 중국의 도교가 아닙니다.

요컨대, '한국 도교'에 관한 대부분의 연구는 한국사상사의 내재적 발전의 양상으로 전개된 고유사상 유파들에 대해, 그 근본성격을 제대로 이해하지 못하고 수입된 중국 도교의 아류들인 것으로 잘못 이해해 왔던 겁니다.[3]

고유사상에 관한 이처럼 위축된 태도는 어디에 기인하는 것일까요? 국사학계의 연구실태를 둘러보면 한국사의 사건과 사태를 한국사 바깥의 사건과 사태와 연관지어 설명하고자 하는 태도를 쉽게 볼 수 있습니다.

심지어 최근 몇 년 전 경상북도 어느 곳에서 발굴된 석기시대 유물을 중앙아시아에서 확인된 비슷한 유물과 연관지어 그 영향으로 나타난 것이라는 해석을 공공연히 발표하는 학자가 있었습니다. 일정한 사회집단의 역사는 원칙적으로 그 내부에서 해석되고 설명되어야 합니다. 한국사의 사건에 대해 중국이나 일본 또는 러시아의 역사와 관련지어야 설명할 수 있다고 생각하는 것은 역사적 상상력의 결핍 또는 과잉입니다.

예컨대 한국어와 일본어에 공통된 용법이 있을 때 그 한국어는 예외

---

3) 이는 가령 道藏經을 형성한 중국 도교이론의 흐름과 체계가 한국문화요소임을 주장하는 것이 아니다. 고려시대까지는 물론 조선시대에 들어와서도 단군숭배에서 조상숭배에 이르는 神明존숭의 사상이 있었고, 『葵園史話』나 『靑鶴集』에서 보듯 유교식 정통과는 구별되는 고유사상의 정맥을 상정하고 그것을 '道'라고 부르는 전통이 있었다는 역사적 사실을 지적하는 것이다.

없이 일본어의 영향으로 성립된 것이라고 보는 인사가 우리말 살리기의 역군으로 인정받는 사례마저 있습니다. 그러나 건축, 미술, 도자기, 낚시 등 다양한 영역에서 쓰이는 일본의 전문용어는 많은 경우 삼국시대 한국어에서 유래한 것으로 밝혀졌습니다. 이 만큼 우리 학계-문화계에는 사대-종속의 관점과 자세가 폭넓게 번져 있습니다.

한국사상에 대한 주체적 관점의 결여

한국사상에 대한 기존 연구들의 가장 두드러진 특성은 한 마디로 주체적 관점의 결여에 있습니다. 한국사의 구체적 기술에서 이러한 주체 상실의 태도가 전형적으로 드러나는 대목이 372년에 고구려에서 행해진 태학의 설립과 이론불교의 도입이라는 두 가지 역사적 사건입니다.

기존 연구의 압도적 다수는 이들 두 사건을 근거로 이 해 또는 이즈음에 유교와 불교가 한국사에 처음으로 도입되었다고 적고 있습니다. 이런 방식의 역사 기술記述은 바로 이때부터 한국사는 중앙집권적 고대 국가로서의 기틀을 본격적으로 다지기 시작했다고 하는 역사적 해석과 평가에 맞물려 있습니다.

얼핏 보면 전자의 객관적 기술이 근거가 되어 후자의 해석과 평가가 도출된 것으로 나타납니다. 그러나 진실은 그 반대입니다. 엄밀히 말해 후자에 깔린 사관史觀과 사론史論의 주관성이 전자의 역사기술에 입혀진 외면상의 객관성을 규정한 것이지요. 이러한 역사서술 태도는 세계사에 비슷한 예를 찾기 어려운 일종의 만화라고 해야 할 것입니다. 372년이라는 시점이 문화사적으로 매우 중요한 해임에는 틀림이 없습니다. 이 점에서 기존의 역사기술이 전부 잘못되었다는 것은 물론 아닙니다. 문제는 그에 관한 해석과 평가의 편협성에 있는 겁니다.

먼저, 유교에 관해서 생각해봅시다. 20세기 이후 비교언어학이 발달하고 언어일반에 대한 심층적이고 광범한 연구가 이루어진 오늘날에도 다른 문화권의 고급 문자문화를 익히고 후세에게 교육하기 위해서는 적어도 3, 4세대 이상의 세월이 필요하다고 판단됩니다. 가령 1882년에 미국과 수교한 지 120여 년이 지난 오늘에 와서도 미국문화의 껍질과 파편에만 매달리는 것이 오늘 우리 문화의 자화상이 아닙니까? 지금부터 1천6백년이 넘는 옛날에, 오늘날 중문학과 교수들도 제대로 해독하기 어려운 오경五經을 포함하여 당시 동북아 학술문화의 최고수준을 망라한 교과내용을 어떻게 도입과 동시에 가르칠 수 있었단 말입니까? 그렇게 복잡하고 난해한 텍스트들을 가르치기 위해서는 가르치는 사람들을 먼저 키워내는 데에만 적어도 몇 세대의 시간투자가 소요되었을 것입니다. 또한 지배권력 집단이 그러한 교육의 필요성을 인식하고 합의하기까지 더욱 긴 시기의 문화교류가 있었을 것임에 틀림이 없습니다. 요컨대 태학과 같은 기관을 운영할 정도로 높은 수준의 복합적 문화교육이 이루어지기 위해서는 적어도 몇 백 년의 학술문화 교류와 수많은 인력의 투자가 선행되어야 합니다.

이러한 지적에 대해 "실증적 근거를 결여한 단순한 논리적 추론 내지 지나친 비합리적 상상에 해당한다."라고 누군가가 반론한다면, 그런 사람은 역사의 특수한 영역을 연구하기 이전에 인간적 삶의 가능적 형태와 수준에 관한 훨씬 기초적인 소양부터 쌓도록 해야 할 것입니다.

다음, 불교에 관해 생각해봅시다. 일반적으로 종교란 공식 사절의 교류나 국가적 공인이 있기 이전에 민간신앙으로 먼저 퍼져나가며, 이론서적의 학습이 이루어지기 이전에 계율과 수행의 실천에서부터 전파되게 마련입니다. 인도에서 불교가 정토신앙의 성격을 띠고 해외로 전파되기 시작한 시기가 대체로 기원전후 1세기쯤이고, 중국사에서 불교에 관한 기록이 처음 등장하는 것은 기원후 1세기입니다. 그리고 고구려 승려가 중국의 승려와 서신을 왕래한 일이 372년보다 20년쯤 전으로 기록되어 있습니다. 이런 점으로 미루어 보면, 철학 아닌 민간신앙으로서의 불교가 고구려에 전래된 것은 늦어도 기원후 1세기경일 것입니다. 고구려에 공식 도입된 불교는 복잡한 철학이론으로서의 삼론종三論宗이었다고 하는데, 그러한 종파가 연구되고 확산되기 위해서는 그 이전 오랜 세월에 걸쳐 민간신앙과 실천계율로서의 불교가 전파, 확산되었을 것임에 틀림이 없습니다. 더욱이, 신라의 경우 뚜렷이 밝혀진 대로 불교는 공인되기 이전 오랜 동안 지배계급의 편에서는 경계의 대상이었습니다.

당시 지배계급은 인민일반에의 확산을 금지하려 했습니다. 당시 지배계급의 나날의 삶이 불교 계율이 금지하는 살생殺生, 투도偸盜, 사음邪淫,

망어妄語, 음주飮酒를 상시적으로 자행하는 것이었으므로 불교를 달갑게 여기지 않았을 것은 자명한 일입니다. 따라서 불교에 대한 국가의 공인이 이루어지는 것은 지배계급의 그런 경계심과 의구심이 해소되고 나서야 가능했던 겁니다.

또한 민간신앙으로서의 확산이 진행되는 동안 불교에 대한 지배계급 쪽의 평가와 판단에 있어 이견과 갈등이 있었습니다. 지배계급 내부에서도 과거의 분권적 전통을 기반으로 하는 지방권력이나 중앙 거주 부족세력은 군주 등 중심권력과는 다른 입장에 놓이게 마련이었습니다. 결국, 불교에 대한 국가적 공인의 절차는 유입된 이후 곧바로 이루어질 수 없었고, 지배계급 내부의 미묘한 갈등을 처리하고 나서야 진행될 수 있었습니다. 이러한 사실은 신라의 경우 이차돈의 삶과 죽음에 관한 역사의 기록으로 확인됩니다. 어떤 종족이나 지역의 역사에서든 최소한의 자율적 바탕을 지닌 경우라면 새롭게 도입된 종교나 사상이 곧바로 정치적 원리와 인민의 일상을 두루 지배하는 현상은 있을 수 없습니다.

한국문화사에 대한 주체결여의 관점을 총체적으로 드러내는 대표적인 사례로서 한국의 역사를 '한恨의 역사'로, 한국의 문화를 '한의 문화'로 특징짓는 태도를 들 수 있습니다. '욕구의 좌절과 삶의 파국에 대처하는 편집적, 강박적 마음자세'를 의미하는 '한'을 '가장 한국적인 슬픔의 정서'인 것으로 표현하는 이른바 민속학이 유행해왔습니다.

이는 한국사 전체를 안팎의 침략, 억압, 수탈의 연속 및 그로 인한 좌절, 상실, 설움, 비원의 덩어리로 보는 소극적이며 비관적인 관점입니다.

그런 맥락에서 본다면 중민衆民⁴⁾과 원귀들의 맺힌 응어리를 풀어내는 살풀이굿이 한국문화의 정수에 해당할 것입니다.

5천년의 역사를 인고와 일방적 희생의 연쇄로 보고 그에 대한 신적 구원을 미래전망으로 설정하는 함석헌류의 역사관도 이러한 소극적 자세에서 멀리 떨어져 있지 않습니다. 동양 삼국의 문화적 정체성을 핵심적으로 대표하는 요소로서 중국의 '형태', 일본의 '색'과 함께 한국의 '선'을 꼽는 야나기 무네요시 류의 추상적 예술사관도 이와 비슷한 의미를 지닙니다.⁵⁾ 이런 태도와 관점은 현실에서 비의도적으로 만난 불운과 비애를 운명으로 받아들이고 체념을 통해 '신의 위로'에 다가서는 것을 구원으로 상정하게 합니다. 그리고 이는 해방 이후 세대에까지 한국문화의 정체성을 어두운 곳과 비관적 방향에서 찾도록 하는 데 널리 영향을 미칩니다.

앞서 말한 만화류의 역사해석이 있게 된 데에는 일제강점기 사학계에 금과옥조로 부과된 실증주의의 사관, 역사기술방법이 작용했기 때문이라고 생각됩니다. 실증주의 역사관에 의하면 신뢰할 만한 역사기록이나 명확한 물질적 증거가 제시되지 않는 한 중요한 역사적 변화는 해석되거나 인정될 수 없습니다. 그러나 당시 일본 학계의 일견 당연한 듯이 들리는 이러한 방법론적 치밀성은 실상 한국사의 자연스러운 주체적 변화와

---

4) 주1에서 언급된 대로 여기서의 '衆民'은 '民衆'과 구별된다.
5) 柳宗悅 저, 李泰源 역, 『한국과 그 예술』, 지식산업사, 1974: 특히 243~261쪽, 崔夏林, 「柳宗悅의 韓國 美術觀에 대하여」 참조.

발전을 호도하고 왜곡하려는 목적의식을 담고 있었다고 보아야 합니다. 이러한 의도에 부응하는 태도는 일본 식민사관을 추수追隨하는 데에서 비롯된 것만은 아닙니다.

한국사상의 전통에 대한 서로 다른 방향의 비뚤어진 안목들이 형성된 데에는 역사적으로 한국 사회를 강타한 세 가지 흐름의 외세침략이 크게 영향을 주었습니다.[6] 일본의 영향은 그 중 한 가지에 속합니다. 중국·일본·미국은 한국사의 각각 다른 시기에 정치·군사·경제·문화적으로 서로 다른 방식으로 침략해 들어옴으로써 역사적 한국인의 삶과 의식에 크게 영향을 끼쳤습니다. 이들의 영향은 한국사 구성주체의 각성 정도와 대외 세력관계의 추이에 따라 때로 강렬한 대결의식과 치열한 투쟁으로 표현되기도 했지만, 철학적 사유를 하나의 중심으로 포괄하는 사상적, 문화적 측면에서는 역사적 공동주체의 자기 동일성에 심각한 균열을 야기했습니다.

외세가 세 차례에 걸쳐 입힌 상처 중 가장 오래되고 깊은 것은 역시 중국문화의 침윤입니다. 대체로 청동기 말기인 기원전 5세기에 한자가 도입되었고, 늦어도 철기시대가 2세기 이상 진행된 기원전 2세기에 유교를 비롯한 중국사상이 광범하게 유입되었습니다. 그로부터 점차 한국사의 흐름에 편입해온 각종 중국문화 요소들은 그것이 외래적 이물異物의 작

---

[6] 이 절에서의 서술은 유초하, 1989, 「한국의 철학적 전통에 대한 주체적 관점」, 『역사와 지성』(역사 속의 인간과 지성을 탐구한다 ①), 한길사, 1996 중 '한국사상사의 세 차례 비극'의 내용을 부분적 변경을 거쳐 따온 것이다.

용태임을 자각하지 못할 만큼 한국문화의 중요한 일부가 되었습니다.

그리하여 조선[7]·부여·삼한·삼국·고려에 걸쳐 이어져온 독자적 사상과 풍속은 대체로 12~13세기 이후로는 적어도 지배계급의 문화영역에서는 거의 소멸되었습니다. 중국적인 것이 사상과 생활의 다양한 측면에서 전반적인 지배력을 누리게 되었습니다.

중국 중심의 보편 세계관을 탈피하고 원초적 자주 민족관의 근거와 내용을 학문, 사회 운동으로 쌓아나가던 18~19세기의 민족사의 내재적인 근대화의 흐름은 제국주의 일본에 의한 대한제국 국권의 강탈과 점유로 많은 부분이 정지되고 맙니다. 19세기 후반에 이미 일본은 한국사의 독자적 발전을 부정하기 위한 교묘한 조작을 학문적 이론체계의 형태로 준비합니다. 일제는 한국의 주요 문화유물을 탈취해갔습니다.

특히 한국사의 원류를 서술한 단군조선 관계 서적과 고려사 이전의 역사서를 철저히 찾아내 없애버리거나 비장秘藏해갔습니다. 삼국시대사의 앞부분을 신석기형 원시 사회로 규정하는가 하면, 한국사에서 청동기시대를 지우고 중국문화의 이식으로 고대사를 채우기 위해 '금석병용기'라는 용어를 날조합니다. 4세기부터 6세기까지의 고대시기에 일본이 가야를 지배했다고 주장함으로써 고대 한일관계의 진상을 뒤집어놓는 등의 억지이론을 조작하고, 그 근거를 마련하기 위해 광개토왕비를 변조하

---

[7] 이는 물론 단군조선 곧 이른바 '고조선'을 가리킨다. 그러나 고조선 당시에는 '조선'이 있었을 뿐, '고조선'은 없었다. 한국사에서 고유명사 '조선'이 둘임으로 해서 생기는 문제를 풀어야 한다면 당연히 '조선'은 일차적으로 단군조선을 지칭하는 것으로 사용해야 하며, 이씨왕조 조선을 '이씨조선'이나 '근세조선' 또는 딴 이름으로 불러야 한다.

기도 했습니다. 그 밖에 한국 고유사상 부재론, 고착성·종속성·사대성에 근거한 독자사상 결핍론, 한국사의 정체론, 한국민족의 분열·파당성의 강조 등의 형태로 한국사상사 전반에 대한 부정적 시각을 식민교육을 통해 확산시켰습니다.

구식민지의 질곡을 벗어나면서 곧바로 씌워진 신식민지의 멍에는 민족성원 및 국토의 분단과 함께 오늘에까지 깨뜨려지지 않고 있습니다. 해방군의 옷을 입고 들어와 이 땅을 지배한 미국은 한국전쟁을 치르면서 '자유주의' 체제 수호자로서의 면모를 강화했고, 국제독점자본에 의한 세계재편을 강고히 하는 자본주의 이데올로기를 우리 민족의 뇌리에 주입해왔습니다. 국가기구의 강력한 선전력과 물리력, 제도 교육을 통해 내면화된 분단의식은 북한을 제일의 적대 국가로 보게 만들었습니다.

1970년대에 이르기까지 미국의 색안경을 통해서 본 구미세계는 근대 이전부터 한국·동양 세계보다 우월한 역사를 지닌 것으로 보게 했고, 경제·정치 제도와 윤리·과학·철학·종교의 모든 문화적 측면에서 근대화는 곧 구미화를 의미하는 것으로 선전되었습니다. 1980년대 정치권력의 정통성 약화에 상응하는 경제권력의 지위상승과 1990년대 세계자본주의로의 본격적 편입을 거쳐 21세기에 진입한 오늘날 대한민국 사람들은 문화의 측면에서 유럽인이나 미국인과 별반 다를 것이 없습니다.

저들 외세의 침투가 끼친 당대의 일차적 폐해는 민족성원들의 생명의 손상, 국토의 상실, 재물의 약탈 또는 경제적 수탈입니다. 그러나 이러한 손실의 재생산조건이 해체된 다음에도 사상적·문화적 영향은 지속되게 마련입니다. 앞으로 경제적 국익손실이 줄어들거나 국제정치적 의존관계가 약화된다고 하더라도 외래문화 선호의 생활적 분위기를 재빨리 씻어내기는 어려울 것입니다.

한국의 철학·사상·문화에 대한 이들 외세의 부정적 시각들이 처음에는 외세에 의해 강제되었더라도 오랜 세월이 지나는 동안 민족구성원 자신들이 그러한 시각을 차츰 진실로 받아들여 나중에는 생활상의 평상의식 속에 신념의 형태로 내면화하고 다음 세대들에게 전수되어 왔습니다. 문제는 앞으로도 이러한 전수가 계속 이어질 수 있다는 점에 있습니다.

민족사적 비극이 어떠한 외부적 요인으로 발생했든 간에 그 극복의 과업은 민족성원 자신의 동력으로써만 성취될 수 있고 성취되어야 합니다. 미래의 한국문화가 온당한 주체적 정체성을 확보하는 데에는 역사를 찌그려뜨려온 요인들을 척결할 일이 선차적으로 요구됩니다.

한국 현대사상과 전통사상과의 관계

조선 사회의 의식적 근대화에 중요한 의미를 지닌 역사적 현상의 하나로 기독교의 전래를 들 수 있습니다. 조선시대 정통기독교(가톨릭)의 유입은 선교활동을 통해 이루어지는 종교전래의 일반적 사례와는 달리 과학이론·기술 문명에 혼입된 문화 교류의 양상으로 진행되었습니다.

정통기독교(천주교) 선교의 역사에서도 한국에의 전래는 특이한 점이 있습니다. 하층민이 아니라 상층부 지식엘리트가 먼저 받아들였고, 선교지역 교인들이 자발적·적극적으로 포교활동을 펼쳤으며, 교황청의 조치가 있기 이전에 적극적인 선교활동을 전개했다는 것입니다. 이렇게 된 데에는 기독교에 대한 조선인 교도들의 이해가 학문 이론적 밑받침을 갖추었다는 사실이 작용합니다.

계명 준수와 헌신·기도 등 종교행태로서의 기독교가 초기에 급속하게 확산될 수 있었던 것은 교리에 대한 철학적 이해, 그것도 비판적 이해가 바닥에 깔려 있었기에 가능했다고 판단됩니다. 많은 사람들은 정통기독교를 계급, 성별, 연령을 비롯한 일체의 인간차별의 무효화, 곧 사회적 인간집단간-개인간의 실질적 평등을 제시하는 것으로 받아들였고 거기에 공감하게 되었습니다. 현실모순의 혁파를 지향하던 비판적 지식인, 그리고 억압과 착취에 시달리던 하층 인민이 '새로운 복음'의 공동 신봉자가 된 것입니다.

다시 말해 새로운 형태의 사회를 향한 개혁지향 엘리트의 주체적 희망이 서양의 학문-종교를 수용-확산하는 중요한 동력으로 작용했던 것입니다. 여기서 우리는 정약용丁若鏞을 비롯한 실학자들의 역할을 읽게 됩니다.

이런 현상을 놓고 우리는 성리학이 외래문화에 대해 예민하게 경계하고 거부한 데 비해 실학자들이 기독교를 적극 수용한 것은 지나치게 또는 적어도 상대적으로 무비판적이고 안이한 선택이 아니었을까 의심해 볼 수도 있습니다. 이런 점에서 정통기독교의 전파와 관련하여 주목해야 할 대목들이 있습니다.

첫째, 18~19세기 조선인들의 기독교 신앙은 외래 사조로서의 기독교에 대한 무비판적, 피동적 탐닉이 아니라 현실 개혁의 목적의식적 자각이 있었습니다. 이는 이익李瀷을 비롯한 성호학파星湖學派 내부에서 기독교에 대한 활발한 해석과 비판적 토론이 있었던 것으로 증명됩니다.

둘째, 18~19세기 정통기독교의 유입과 전파의 양상은 20세기 이후 전개된 개신기독교의 유입과 전파에 대비됩니다. 정통기독교와는 달리 개신기독교는 일본제국주의의 억압이 구체화한 이후 그에 대한 안전한 피신처의 소극적 모색의 차원에서 전파되기도 합니다. 그 경우 종교에 귀의하고 신봉하는 일은 그 자체가 목적이 아니라 민족자주 운동의 수단으로 선택하는 결단이었습니다.

이에 비해 18~19세기 정통기독교에의 입교행위는 정치적·제도적 탄압과 도덕적 비난이 예측되는 정황 속에서도 적극적으로 이루어진 만큼 확신에 기반한 선택이었습니다.

정상적인 역사를 거쳐온 인간집단의 경우 그 현실은 역사의 누적적 형성결과에 현재적 주체의 새로운 성과를 얹은 것이 됩니다. 가령 고구려는 조선에서 부여까지의 청동기형 국가들의 과거사를 계승하여 중앙집권적 통치 체제를 강화한 결과이고, 고려는 신라까지 지속된 혈통주의를 타파하고 당시 패권을 다투던 여러 세력이 이룩하거나 지향한 변혁들을 가장 성공적으로 성취한 결과이며, 조선은 고려 사회가 직면한 경제, 정치, 문화적 모순과 대외적 자주성 약화의 문제를 포괄적으로 지양한 새로운 합리적 질서의 확립으로 나타난 결과입니다.

대한민국 시기의 문화는 당연히 조선왕조시대와 대한제국시기까지 이루어진 역사적 문화성취에서 새로운 요소를 보탠 결과입니다. 그럼에도 오늘날 한국의 문화정체성을 논의하는 많은 자리에서 과거의 유산은 버려야 할 것으로만 상정되는 분위기가 압도하는 것을 봅니다. 여기에는 역사적 진실에 대한 중대한 오해와 왜곡이 게재되어 있습니다.

조선왕조 5백년보다 일제강점 36년이 해방 이후 한국에서 더욱 큰 영향으로 남아있다 보니, 그 자국을 지워내기 위해 그 이전 역사까지를 지워버린 감이 있는 것입니다. 아니라면, 민족사 단절기 동안 일본한테서 귀가 닳도록 들어온 '조선은 형편없는 국가였다.'는 일방적 규정이 객관적 사실인 양 뇌리에 들어박힌 결과 적극적 선택의 취지에서 조선시대 역사를 외면한 것일 수도 있습니다. 이러한 왜곡은 일제강점기의 역사가 적어도 문화의 맥락에서 보는 한 비정상적 예외이자 정상적 역사궤도의 이탈일 뿐 조선사 500년이 더욱 자연스럽게 오늘의 현실에 접맥될 수 있는 유산을 담고 있다는 사실을 인정하면 해소될 수 있습니다.

그럼에도 이러한 사실이 인식되지 못하는 데에는 또 다른 오해와 왜곡이 게재되어 있기 때문입니다. 그것은 1945년 일제로부터의 해방이 민족주체 자신에 의해서가 아니라 연합국 특히 미국의 시혜에 의해 이루어진 것이라는 판단을 바탕으로 합니다.

그러한 판단은 그러나 객관적 사실에서 거리가 매우 멉니다. 일제로부터의 해방이 '쟁취한 것'이 아니라 '주어진 것'이라고 보는 데에는 매우 심한 자기비하가 깔려 있습니다. 그리고 그 자기비하에는 비민주적-반민족적 정권이 자행한 친일-친미집단에의 면죄부 발부라는 정치적 조치가 암묵리에 작용하고 있습니다.

국권 상실의 30여 년 동안 인구의 10%에 이르는 2백만이 감금, 징용, 망명, 이민, 수탈, 억압의 만행을 당하면서 독립을 위한 실천투쟁에 나선 사례는, 그리고 강제합병 이전 10여년에 걸쳐 2백만의 인민이 동학과 의병의 모습으로 끊임없이 싸운 사례도 세계사에서 흔히 볼 수 있는 것이 아닙니다. 2차 대전 이후 독립을 쟁취한 어떤 나라에 비해서도 우리의 독립운동사는 떳떳하고 자랑스럽습니다. 미국과 러시아 그리고 그들과 함께 전승국의 입장을 누리게 된 중국, 영국, 프랑스의 어떤 국민보다 한국민은 일본을 상대로 열심히 싸웠던 것입니다.

한국민이 일본을 상대로 한 싸움은 사실상 주권민족의 주체적 '전쟁'이었습니다. 연합국이 야박하게도 객관적 사실로 인정하지 않은 것일 뿐, 조선민중의 대일 독립투쟁은 엄연히 민족사적 사실이요 진실입니다. 요컨대, 한국이 1945년에 누리게 된 해방은 결코 미국이 선물로 준 것이 아니라 우리의 선열들이 싸운 결과로 쟁취한 것입니다.

해방을 쟁취한 민족의 주체적 노력을 과소평가하는 태도는 한국사적 근현대를 규정하는 관점, 특히 일본제국주의의 국권 침탈기를 바라보는 시각과도 상응합니다. 그러한 사대주의적 시각에서 보면 한국사의 근대는 1876년 개항과 더불어 시작되고, 한국사적 현대는 강제병탄을 통해 자본주의 경제 체제를 강제한 일본제국주의가 열어준 것이 됩니다. 그러나 그러한 방식의 시대구분과 역사해석은 외세 의존적이고 사대 종속적일 뿐 아니라 지나치게 조작적입니다. 역사적 변화란 한두 가지 사건으로 규정할 수 없습니다.

한국사에서 근대화는 18세기 이후 공상업의 발달, 농업관계의 변화, 신분질서의 균열과 와해, 개혁지향 문학·철학의 확산 등으로 진행되었고, 19세기 후반 외세들의 개입과 그에 대한 대응 등으로 급속히 촉진되었습니다. 또한, 한국사에서 현대화는 1910년대 이후 국권침탈상태의 지속으로 인한 독립 운동 과정에서 정치 체제로서의 민주주의와 경제 체제로서의 자본주의에 대한 공감과 연대의 확산이라는 방식으로 준비되었고, 해방 이후 민족세력과 외세 사이의 대결·조정과 남북 정권 성립 이후의 경제, 정치적 발전으로 진전되었습니다.

한국사에서 근대를 일으키고 현대로의 진입을 이루면서 오늘에 이르기까지 한국사를 이끌어온 것은 역사적 한국인들 자신입니다. 한국의 문화적 정체성을 일구어온 것 또한 일차적·원천적 한국인들 자신입니다.

플라톤-아리스토텔레스가 인류 공통의 지적 유산이라면 그보다 훨씬 강한 의미에서 원효, 이황, 정약용은 한국인의 지적 유산이며, 로빈 훗이 영국의 문학적 자산이라면 정도전과 임꺽정과 홍경래는 한국의 정치적 자산입니다. 한국인은 일제강점 이후 새롭게 형성된 턱없는 겸손과 자기 비하의 잘못된 전통을 이제 과감히 벗어던져야 합니다.

현실은 오늘을 살아가는 사람들이 창조해낸 것이 아니다

　과학, 철학, 문학, 음악, 미술, 영화, 연극 등의 영역에서 한국이 미국과 유럽을 모범으로 삼은 지 두 세대가 흘렀습니다. 이제 학문과 예술의 거의 모든 장르에서 서양적인 것이 전통적인 것을 압도하고 있습니다. 수천 년의 생명력을 간직해온 민간 종교에서조차, 비교적 최근에 전래된 서양종교가 전통종교를 양적으로 넘어섰습니다. 정통기독교와 개신기독교의 신자를 합치면 2, 30대의 경우 인구의 4분의 1에 가까운 것으로 추산되며, 종교를 지닌 인구 가운데 가장 많은 종파입니다.

　학문, 예술, 종교 등의 고급 문화뿐이 아닙니다. 대중문화와 일상생활의 각 영역에서 서양적인 것이 양적 비중과 질적 평가에서 월등한 지위를 누리고 있습니다. 생활문화의 측면에서 한국적인 것은 전반적으로 퇴조한 상태에 있습니다. 한국인의 삶에 녹아들어 있는 서양적 요소 가운데서도 지배적인 것이 미국적 요소입니다. 미국문화는 이제 더 이상 남의 것이라고 하기 어려울 정도로 한국인들에게 자연스럽고도 친숙한 것이 되었습니다. 각급 문화영역에서의 서양화-미국화가 진전된 결과 이제 한국인의 몸이 변하고 있습니다. 몸의 변화는 두 세대 이상 진전되어 온 사고의 서양화를 통해 더욱 촉진되며, 그 역逆 또한 성립합니다.

　물론 한국인의 삶이 서양화되어간다는 것이 반드시 나쁜 일이라고만 할 수는 없습니다. 일반인의 일상적 삶을 놓고 볼 때 서양화는 노동의 절약과 여가의 신장, 향유의 증대와 행복 추구 방식의 다양화 등을 포함하거나 동반합니다. 이는 곧 삶의 질이 향상되어감을 뜻합니다. 이러한 선진화를 세계적 수준으로의 진입이라는 의미로 해석할 때 우리는 삶의 서양화를 곧 통속적 의미의 세계화로 보아도 좋을 것입니다.

세계화는 그러나 단순히 삶의 수준의 선진화만을 의미하지는 않습니다. 세계화란 무엇보다 먼저 삶의 내용이 세계적 연관 속에 놓이게 됨을 뜻합니다. 하지만 삶의 수준이 세계적 수준으로 올라선다는 것은 삶의 내용이 세계적 연관 속에 놓인다는 것과는 현실적으로 일치하지 않을 개연성이 높습니다.

더욱이 서양적 생활문화에 대한 오늘날 한국인들의 선호選好는 일정한 객관적 근거에 입각한 주체적 선택이 아니라는 데에 문제가 있습니다. 외제상품선호현상에서 드러나듯이 외국에의 선망羨望은 다분히 즉흥적이고 무반성적인 기분의 산물인 경우가 많습니다. 선진국 상품은 좋을 것이라는, 막연한 추측을 근거로 하는 무비판적 사대주의가 신세대의 의식까지를 점유하고 있는 것이 우리의 현실입니다.

우리의 몸과 마음 속에는 여전히 서양 것만으로는 채워지지 않는 빈구석이 있습니다. 서양적 발상과 방법론에 입각한 학문이 지배하는 시대적 분위기 속에서도, 예컨대 데카르트나 버클리의 철학에서 무언가 허전함을 의식하게 되고, 의식주의 모든 영역에서 미국적인 것을 선호하는 가운데서도 때로 특히 해외체류 중에는 쌀밥과 김치와 된장이 그립다고 느끼는 것입니다.

미국문화–서양문화가 한국인의 일상적 삶을 온전히 채워내지 못하는 것은 한국인의 몸과 마음에 한국적, 동양적 요소가 배어 있음을 뜻합니다. 육체와 정신 양 영역에서 서양적인 것으로 채워지지 않는 빈 곳을 채운다는 것은 보다 고양된 문화적 정체성을 이루는 데에 소중한 자산이 됩니다.

예컨대 지금껏 익힌 '서양철학'에 담기지 않은 '동양철학'의 특성을 새롭게 이해하는 일은 나아가 '인류철학' 또는 어떤 수식어도 붙지 않은 '철학'을 일구어내는 작업으로 이어질 개연성을 높입니다.

오늘의 현실은 오늘을 살아가는 사람들이 창조해낸 것이 아닙니다. 현실을 구성하는 오늘의 우리 자신 또한 우리 자신이 창조해낸 것이 아닙니다. 현실은 과거 역사를 살아간 사람들이 남긴 유산을 바탕으로 현재를 살아가는 우리가 형성하는 것이며, 미래의 자산으로 누적됩니다. 오늘의 현실은 미래의 역사로서 미래현실의 규정요인으로 작용합니다. 현재 우리가 직접 느끼고 꼬집어낼 수 없다고 하더라도 우리 속에는 경제, 정치, 문화의 각 영역에서 이어져온 역사적 동인들이 숨쉬고 있습니다. 우리 속에 있는 역사와 전통을 햇빛 아래 드러내고 씻어내고 치장하여 우리 자신을 더욱 살찌우는 작업에 우리는 나서야 합니다.

우리가 역사를 탐구하는 것은 현실을 똑바로 이해하기 위해서이고 미래를 올바르게 개척하기 위해서입니다. 역사에는 현실을 규정하는 소이연所以然의 힘이 담겨 있습니다. 역사를 제대로 이해함으로써 우리는 우리 자신의 특성이나 위치를 더욱 잘 이해할 수 있습니다. 현재의 한국 현실과 한국인의 특성 속에 담겨 있는, 역사에 의해 규정되어 있는 요소들을 또렷하게 확인하게 될 때 우리는 현실과 역사 양쪽을 더욱 깊이 있게 이해하게 됩니다.

문화적 세계화는 전통에 대한 이해-소화-비판을 거쳐서만 원활히 이루어집니다. 보편문화를 일구거나 그에 참여한다는 것은 전통적인 것들과 외래적인 것들 사이의 이분법적 대립을 넘어 양자를 종합, 지양한다는 것을 뜻합니다. 이런 맥락에서, 21세기적 세계문화 건설에 적극 참여하는 주체로서의 자기 재정립을 위해서도 20세기적 지배문화-중심문화로서의 미국문화에 못지않은 비중으로 전통과 역사에 주목하는 태도가 요구된다 하겠습니다.

* 이 강연의 내용은 전반적으로, 2004년에 있었던 양현재 강연에 앞서 2002년 6월 한국문화정책개발원에서 발간한 『문화정체성 확립을 위한 정책방안 연구』에 「문화정체성 재확립을 위한 한국사상사의 주체적 조명」이라는 제목으로 실린 필자의 글 중 일부에 해당되는 것임을 밝혀둡니다.